해외 여행자의
의사소통을
책임지는 책

하나, 둘 해외여행 6개국어

여행준비물 제1호

국제언어교육연구회 엮음

하나, 지금 닥친 상황에 꼭 해야 할 한 마디
둘, 외국인이 물어올 예상되는 두 마디

太乙出版社

책•머•리•에

해외여행이 완전히 자유화 되면서 여행하는 사람들의 수가 날로 많아지고 있습니다. 자국을 여행하는 것도 큰 어려움으로 생각했던 시대는 가고 지금은 세계일주까지도 보통으로 생각하는 세상에 살고 있습니다.

낯선 땅을 여행하며 그곳의 경치를 즐기고 온갖 볼거리를 구경하면서 풍물을 배우는 것보다 더 즐거운 일은 없습니다. 해외여행은 유익한 기회가 되어야 하며 미지의 세계를 찾는 일은 견문을 넓히는 기회로 **보고, 듣고, 느낀** 것이 모두 유익한 교양이 되도록 해야 합니다.

국내여행보다는 비용이 많이 들기 마련이어서 해외여행은 알뜰해야 하는데 이렇게 귀중한 기회인 해외여행을 유익하고 알뜰하게 하려면 무엇보다도 먼저 빈틈없는 계획과 준비를 해야 합니다.

뚜렷한 여행 목적을 가지고 무엇을 위해 해외여행을 하는가를 확실히 해야 합니다. 여행 목적이 세워졌으면 이에 따라 목적지, 여행방법, 여행시기 및 기간, 경비 등의 구체적인 계획을 세웁니다. 이 모든 즐거운 계획들이 효과적으로 원만히 진행되려면 무엇보다 중요한 것은 의사소통 문제입니다. 가장 기본적인 문제는 발길을 옮길때마다 일어나는 상황에서 꼭 알아들어야 되고 꼭 해야 할 표현을 못듣고, 못하여 실수를 하거나 난처한 경우를 당하는 일입니다.

실수를 통해 배운다는 말도 있지만 실수하지 않고 배우는 것은 더욱 지혜로운 일입니다. 예전과는 달리 우리의 국력에 걸맞게 최소한의 체면을 지키고 국제적인 매너에도 자연스럽게 적응하는 일이 필요합니다.

이 **하나, 둘 해외여행 6개국어** 는 여행하는 분들로 하여금 언어소통에 불편이 없도록 하여 편안한 여행이 되도록 만들어졌습니다. 휴대하기가 간편하여 수시로 이용할 수 있고 우리말로도 쓰여 있어 편리하게 되어 있습니다.

"**하나, 둘**"에서, **하나**는 지금 닥친 상황에 꼭 해야 할 **한 마디**를 말하며, 각 나라마다 **둘**은 외국인이 물어올 예상되는 **두 마디**를 말합니다.

출국과 여행, 그리고 귀국에 이르기까지 빈틈없이 상황을 부여하여 **하나와 둘**을 기록했으므로 정말 기분 좋은 여행이 되실 것입니다.

그리고 **보다 더 만전을 기하고 싶어하는 분들을 위해서** 뒷부분의 부록에 **최종 점검**을 할 수 있도록 해 두었으니 많이 이용하시기 바랍니다.

대망의 21세기가 활짝 열리면서 국제화, 개방화의 급속한 변화 추세 속에서 국가도 웅비하고 개인도 부강하고 이 책을 공부하는 여행자에게도 비약이 있기 바라며 또 그렇게 되기를 확신해 마지 않습니다.

편집부

글 · 싣 · 는 · 순 · 서

책 머리

기본 회화

여행시 회화1

여행시 회화2

여행시 회화3

부록: 유용 회화

여행 준비는 이렇게 하세요.

여 권 해외여행 신분증명서

(1) 소양교육과 신원조회를 마치고 외무부 여권과에서 발급 받으세요.

(2) 지방의 경우는 각 시도 여권계에서 발급 받으세요.

(3) 수속하는데 열흘 정도 걸립니다.

비 자 여행 대상국에서 입국을 허가해 주는 입국사증

(1) 우리나라와 상호 비자 면제 협정을 맺은 나라와 맺지않은 나라가 있는 점에 유의하시기 바랍니다.

항공권 비행기표

(1) 여행 일정에 알맞는 항공편을 미리 예약해두세요.

(2) 한 곳에 몇일 이상 머물 때는 출발 3일전에 반드시 항공편을 예약 재확인 해두어야 합니다.

보 험 상해 · 질병 · 항공기 납치 등의 뜻밖의 사고에 대비해 보험에 들어두면 안심할 수 있습니다.

환 전 은행에서 해외 통용 외화로 바꾸어야 합니다.

(1) 여행자수표는 환전한 다음 윗쪽에 서명하고 쓸 때 아랫쪽에 서명합니다.

(2) 신용카드로 사용할 수 있으며 귀국 후 우리나라 돈으로 결재가 가능합니다.

출입국절차 공항이나 또는 항만에서 세관 · 출입국심사 · 검역의 절차를 밟게 됩니다.

(1) 출국할 때 공항에는 보통 2~3시간 전, 늦어도 1시간 전에 도착해야 합니다.

탑승수속 이용하는 항공사의 데스크를 찾아가셔야 합니다.

(1) 여권과 항공권을 제시하고 공항세를 내면 항공권의 좌석을 배정 받습니다.

(2) 이때 수하물을 탁송 처리합니다.

(3) 좌석이 적힌 탑승권과 화물인환증을 받아 출국장으로 갑니다.

세 관 보안 검사를 마치고 휴대품에 대한 검사를 받습니다.

(1) 값비싼 물건은 신고해 두어야 입국할 때 세금을 물지 않습니다.

출국심사 여권, 항공기탑승권, 출국신고서를 내면 최종심사후 여권에 스탬프를 찍어 돌려 줍니다.

(1) 이곳을 나오면 탑승 대기실입니다.

(2) 탑승권에 찍힌 번호의 탑승구로 가면 됩니다.

검 역 전염병 발생지역을 여행하는 경우 예방접종카드를 확인하지만 일반적으로 생략합니다.

입국절차 출국절차와 정반대입니다. 검역에 이어 여권 · 입국신고서를 내고 수하물을 찾고 세관에서 통관 절차를 밟습니다.

비행기 여행 시의 문제점

시차 극복

비행기 여행 시 3시간 이상의 시간대를 넘는 여행을 하게 되면, 생체리듬이 흐트러지면서 시차가 발생하게 됩니다. 시차가 발생하면 도착지에서 낮에 졸리고 밤에 잠이 안 오며, 피곤하고 집중력이 떨어집니다.

[시차를 극복하는 방법]

▶ 햇볕에 노출하는 시간을 조절하는 방법

햇볕이 있을 경우(낮) 뇌에서 분비되는 멜라토닌이라는 호르몬이 줄고, 어두워지면(밤) 멜라토닌이 증가되어 졸리게 되는 사실에 근거를 둔 것으로 햇볕 쪼이는 시간을 조절하여 생체리듬을 도착지에 맞추려는 것입니다. 동쪽으로 여행할 때 시차가 6시간 이내 이면 아침에 2-3시간 정도 햇볕을 쪼이고, 시차가 7-12시간이면 아침에는 실내에 있고 오후에 햇볕을 쪼이는 식으로 합니다. 서쪽으로 여행할 경우 이와 반대로 시차가 6시간 이내이면 오후에 햇볕을 쪼이고, 7-12시간이면 오전에 햇볕을 쪼이는 것입니다.

▶ 물을 많이 마실 것

물은 시차를 극복하는 가장 좋은 약입니다.

▶ 술, 커피, 홍차를 마시지 말 것

술은 과해지면 신경계를 자극하는 역할을 하여 잠이 오지 않게 합니다.

▶ 수면제를 복용하는 방법

사용 약제들은 대개 반감기가 짧은 트리아졸람(할시온), 로라제팜(아티반) 등을 이용합니다. 초회 용량은 가급적 1알 이상으로 하지 않으며, 절대로 술과 함께 복용하면 안됩니다.

▶ 멀미

비행기 여행 시는 선박 여행 시보다 멀미가 덜 심하나 경우에 따라 생길 수 있습니다. 멀미의 가장 좋은 예방법을 붙이는 멀미약(스코폴라민 패취-키미테)을 사용하는 것이나, 이 약제를

처음 사용해 보는 여행객은 여행 전에 한번 시험해 보는 것이 좋습니다.

왜냐하면 이 약제는 항콜린 효과로 입안이 마르고, 시력장애, 의식상실 등의 부작용을 일으킬 수 있으며, 노령의 여행객에게는 녹내장이 악화되거나 소변 보기가 불편해지는 부작용이 생깁니다.

▶ 다리부종

비행기내에 오랜 시간 앉아 있게 되면 다리가 붓게 됩니다. 정상인에게는 별 문제가 없으나 임산부나 심장 질환이 있는 환자, 평소 말초혈관 장애가 있는 환자의 경우 다리가 부으면서 혈전증(핏덩어리가 떨어져 나가는 현상)이 생길 위험성도 증가합니다. 따라서 가급적 다리를 올리고 수시로 다리를 굽혔다 폈다 하는 운동을 합니다. 또한 시간마다 복도를 걷는 것이 도움이 됩니다.

▶ 귀 멍멍함 (항공 중이염)

비행기의 이착륙 및 고도변경 시 귀가 멍멍하고 잘 안들리며 때로는 아픈 증상이 생깁니다. 이는 대기압의 변화에 따라 귓 속의 유스타키우스관이 막히면서 발생하는 것입니다. 이를 방지하는 방법들은 코를 손으로 막고 입을 다문 채 숨을 코로 내쉬어 고막이 밖으로 밀리게 하는 방법, 껌을 씹는 방법, 물을 마시는 것, 코를 막고 침을 여러 번 삼키는 것, 하품하기 등이 있습니다.

여행전 미리 예방 접종

[세계보건기구(WHO)에서 정한 의무적 예방접종]

1. 황열 백신

황열 (yellow fever)은 모기가 매개하는 바이러스 질환으로 지역적으로 중부 아프리카와 남미 지역에서 집중적으로 발생합니다. 특히 적도 중심으로 20도 내외의 지역에 호발합니다. 황열이 발생하는 지역으로 고시되어 있는 다음의 국가를 방문하는 경우 예방접종을 받아야 합니다.

아프리카—가봉, 감비아, 기니, 기니비사우, 나이지리아, 니제르, 라이베리아, 르완다, 말라위, 말리, 모리타니, 부르키나파소, 부룬디, 베냉, 상투메프린시페, 세네갈, 소말리아, 수단 남부, 시에라리온, 앙골라, 우간다, 에티오피아, 자 이레, 잠비아, 적도기니, 중앙 아프리카 광화국, 지부티, 차드, 카메룬, 카보, 케냐, 콩고, 탄자니아, 토고, 보츠와나

중남미—가이아나, 기아나, 니카라과, 베네수엘라, 벨리즈, 볼리비아, 브라질, 수리남, 에콰도르, 온두라스, 콜롬비아, 코스타리카파나마, 페루, 과테말라, 트리니다드토바고 이 중 가나, 가

봉, 기아나, 니제르, 라이베리아, 르완다, 말리, 몰리타니, 베냉, 부르키나파소, 상투메프린시페, 세네갈, 자이레, 중앙아프리카공화국, 카메룬, 코트디부아르, 콩고, 토고 등은 국내에서 바로 출국할 때에도 반드시 황열 예방접종을 하여야 입국이 가능합니다.

만일 이 지역에 입국할 때 증명서가 없으면, 입국을 거절당하거나 6일 정도 격리될 수 있습니다. 아울러 위에 열거한 황열 호발 국가들을 방문하는 경우 입국 절차만을 위해서가 아니라 황열에 걸리는 것을 예방하기 위하여 예방접종을 하여야 합니다. 또한 기타 국가에서도 황열 발생지역을 거쳐서 입국할 때에는 예방접종 증명서를 요구하는 경우가 있으므로 여행계획에 따라 미리 예방주사를 맞을지 결정해야 합니다.

황열 백신은 세계보건기구에서 인정하는 지정장소에서 맞아야 하며, 국내에서는 서울국제공항 검역소, 인천 검역소, 부산 검역소 에서 맞을 수 있습니다. (5,000원). 백신은 반드시 여행출발 10-14일 전에 맞아야 하고 유효기간은 10년입니다.

2. 콜레라 예방접종

콜레라 예방접종은 예방효과가 별로 없기 때문에 세계보건기구에 의하여 1988년부터 더 이상 실시하지 않기로 하였습니다. 예방 접종보다는 위험지역을 여행하는 경우 음식과 물을 주의하는 것이 더 효과적입니다. 그러나 경우에 따라 아직도 입국 시 콜레라 예방 접종을 요구하는 곳이 있으며 이 경우 1회 주사로 충분합니다.

[여행지에 따라 필요한 예방접종]

1. 장티푸스 예방접종

장티푸스 예방접종은 아프리카, 동남아시아, 중남미 지역을 여행할 때 도시를 벗어나거나 장기 체류할 경우 받는 것이 좋습니다. 예방접종은 주사용과 경구 용 백신이 있습니다. 경구 용 백신은 전신 부작용이 없고 약 70%의 예방효과가 있습니다. 복용법은 공복시에 1회 1캡슐씩 하루 걸러서 총 3회 복용하며, 약은 냉장보관하여야 합니다. 6세 미만의 소아, 임산부, 면역저하 환자나 위장질환이 심한 환자 및 현재 항생제 치료를 받는 환자는 사용을 금합니다. 경구용 백신의 경우 5년간, 주사용 백신은 3년간 유효합니다.

2. 수막구균 백신

사하라 사막 이남의 중부 아프리카 지역 (12월 - 6월), 사우디 아라비아 (성지순례 기간)의 시골지역을 여행하거나 장기 체류하는 경우 수막구균 백신을 받는 것이 좋습니다. 가장 최근에는 네팔, 탄자니아, 부룬디에서도 집단 발생이 있었습니다. 수막염 (뇌막염)은 일단 발생하면 매우 급속히 사망할 수 있는 병이므로 주의하여야 합니다. 예방접종은 여행출발 14일 전에 1회 주사를 합니다.

3. 일본뇌염 백신

일본뇌염은 주로 아시아 온대지역 (일본, 한국, 중국, 네팔, 방글라데시, 라오스, 미얀마, 캄푸치아, 인도 북부) 에서는 대개 7개월부터 9월 사이에, 적도 지역 (인도 남부, 타이, 필리핀, 대

만, 인도네시아) 에서는 연중 발생합니다. 일본뇌염 모기가 전파하며, 예방법 역시 모기에 물리지 않도록 하는 것이 가장 중요합니다.

우리나라 성인의 경우 일본뇌염 예방접종의 대상이 되지는 않으나, 소아는 백신을 맞는 것이 좋습니다.

예방접종은 초회 접종인 경우 1주일 간격으로 3회 피하주사하며, 반복 접종은 2년마다 합니다. 여행 전 10일 이전에 예방접종을 완료하여야 합니다.

4. 광견병 백신

광견병은 일단 발생하며 100%의 치사율을 보이는 질병으로 동물에 물리거나 긁혀서 생깁니다. 여행객이 걸릴 위험성이 높지는 않으나 아프리카, 동남아, 중남미 일부 지역에서 연중 발생합니다. 따라서 이러한 지역에서는 애완동물이라도 만질 때 조심하여야 하며, 시골을 가는 경우, 동물과 접촉이 많을 것이 예상되는 경우 1달 이상 장기간의 여행을 하는 경우에 예방접종을 하는 것이 좋습니다. 예방접종은 어깨 근육에 3회 접종 (0,

기본 회화

안녕하십니까?

아침 인사

영 굿 모닝
Good morning.

일 오 하 요 오 고 자 이 마 스
お早ようございます。

중 짜오안
早安!

프 봉주르
Bonjour.

독 구텐 모르겐
Guten Morgen.

스 브에노쓰 디아쓰
Buenos días.

처음 뵙겠습니다.

초면일 때

영 하우 두 유 두
How do you do?

일 하 지 메 마 시 데
はじめまして。

중 추휘 추휘 쭈양 쭈양
初会, 初会! (=久仰, 久仰!)

프 앙샹떼 드 페르 보뜨르 꼬네상스
Enchante de faire votre connaissance.

독 에스 프로이트 미히
Es freut mich,

이레 베칸트 샤프트 쭈 마헨
Ihre Bekanntschaft zu machen.

스 무초 구스또
Mucho gusto.

안녕히 가세요.

헤어질 때

영 굿바이
Good-bye.

일 사 요 오 나 라
さようなら。

중 짜이젠
再見!

프 오 르보와르
Au revoir.

독 아우프 비더제엔
Auf Wiedersehen!

스 아디오쓰
Adiós.

4 좋은 날씨네요.

날씨에 대하여

영 나이스 데이 이즌트 잇
Nice day, isn't it?

일 이 이 오 뎅 끼 데 스 네
いいお天気ですね。

중 하오텐치아
好天気啊!

프 일 페 보 네스 빠
Il fait beau, n'est-cepas?

독 아인 쇠너 타크 니히트 바르
Ein schöner Tag, nicht wahr?

스 아쎄 띠엠뽀
Hace tiempo.

실례합니다, 여보세요.

질문을 하거나 말걸기

영 익스큐우즈 미
Excuse me!

일 시쯔레이시마스 모시모시
失礼します, もしもし。

중 제꽝제꽝
借光, 借光.

프 엑스뀌제 모와
Excusez-moi.

독 엔트슐디겐 지
Entschuldigen Sie!

스 오이가
Oiga.

지금 몇 시입니까?

질문을 하거나 말걸기

영 왓 타임 이즈 잇 나우
What time is it now?

일 이마 난 지 데 스 까
今何時ですか。

중 시엔짜이 지 디엔 쭝
現在幾点鍾.

프 께엘 뢰르 에띨 멩뜨
Quelle heure est-il mainte.

독 비필 우르 이스트 에쓰 예츠트
Wieviel Uhr ist es jetzt?

스 께 오라 에쓰
¿Qué hora es?

7 미안합니다.

사과의 표현

영 아임 쏘리
I'm sorry.

일 스미마생
すみません。

중 뚜에이 뿌 치
对不起.

프 쥬 쒸 데졸레
Je suis désolé.

독 페어짜이웅
Verzeihung.

스 로 씨엔또 무초
Lo siento mucho.

다시 한번 말씀해 주십시오.

부탁의 표현

영 아이 베그 유어 파든
I beg your pardon?

일 모 오 이찌 도 잇 데 구다 사 이
もう一度言って下さい。

중 칭니짜이숴이훠빠
請你再說一回吧.

프 빠르동 부드리에부 레뻬
Pardon. Voudriez-vous repe.

독 비테
Bitte?

스 레삐따메 우나 베쓰 마쓰 뽀르 화보르
Repítame una vez más, por favor.

이것은 무엇입니까?

물어볼 때

영 왓 이즈 이트
What is it?

일 소 레 와 난 데 스 까
それは何ですか。

중 나시션머
那是什么？

프 께예스 꾸 세
Qu'est-ce que c'est?

독 바스 이스트 다스
Was ist das?

스 께 에쓰 에스또
¿Qué es esto?

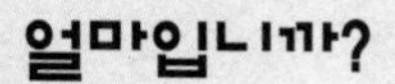

값을 물어볼 때

영 하우 머치
How much?

일 이 꾸 라 데 스 까
いくらですか。

중 뚜어샤오첸
多少錢.

프 꽁비엥
Combien?

독 바스 코스테트 에쓰
Was kostet es?

스 꾸안또 발레
¿Cuánto vale?

11 누구입니까?

누가 왔을 때

영 후
Who?

일 다레 데 스 까
誰ですか。

중 쉐이
誰?

프 뀌 에 스
Qui est-ce?

독 베르
Wer?

스 끼엔 에쓰
¿Quién es?

12 대단히 감사합니다.

감사의 표현

영 땡큐 베리 머치
Thank you very much.

일 도 오 모 아 리 가 도 오
どうもありがとう。

중 셰셰
謝謝.

프 메르시 보꾸
Merci beaucoup.

독 피일렌 당크
Vielen Dank.

스 무차쓰 그라시아쓰
Muchas gracias.

천만에요.

감사 표현의 대답

영 유 아 웰컴
You are welcome.

일 도 오 이 다 시 마 시 데
どういたしまして。

중 하오쉬
好説.

프 즈 부 장 쁘리
Je vous en prie.

독 비테
Bitte.

스 데 나다
De nada.

14 나는 한국 사람입니다.

처음 만났을 때

영 아이 앰 어 코리언
I am a Korean.

일 와다구시와 강고꾸징데스
私は韓国人です。

중 워시리 환꿔 런
我是 韓国人.

프 즈 쉬 꼬랭
Je suis coreen.

독 이히 빈 크레이너
Ich bin Koreaner.

스 요 쏘이 코레아노
Yo soy coreano.

내 이름은 김입니다.

처음 만났을 때

영 마이 네임 이즈 김
My name is Kim.

일 와다구시노나마에와김데스
私の名前は金です。

중 워 싱 김
我姓 金.

프 즈 마뻴 김
Je m'appelle Kim.

독 마인 나메 이스트 김
Mein Name ist Kim.

스 메 야모 김
Me llamo Kim.

만나서 기뻐요.

처음 만났을 때

영 아이 엠 베리 글래드 투 시 유
I am very glad to see you.

일 오 아 이 데 끼 데 우 레 시 이
お会いできてうれしい。

중 지엔따오니워헌까오씽
見到你 我很高興

프 즈 쉬이 죄뢰 드 부 랑꽁 뜨레
Je suis heureur de vous renconter.

독 에스 프로이트 미히 제어 지 쭈 제엔
Es freut mich sehr Sie zu sehen.

스 무초 구스또
Mucho gusto.

여행시 회화 1

(영어)가 서투릅니다.

미리 알아둘 표현

영 아임 푸어 엣 잉글리쉬
I'm poor at English.

일 니홍고가 헤타데스
日本がへたです。

중 쭝궈화 뿌수렌
中国話不熟練

프 쥬 빠흘르 말 프랑쌔즈
Je parle mal le français.

독 이히 칸 니히트 굿 도이치
Ich kann nicht gut Deutsch.

스 요 아블로 에스빠뇰 말
Yo hablo español mal.

말문이 콱 막혀 버리네요.

미리 알아둘 표현

영 아이 로스트 마이 텅
I lost my tongue.

일 구치가 키케나인데스네
くちがきけないんですね。

중 쒀뿌추라이
説不出来.

프 오깽 모 느 므 라뻬엘
Aucun mot ne me rappelle.

독 이히 콤메 게라데 니히트 다스 보르트
Ich komme gerade nicht das Wort.

스 메 데호 씬 아블라
Me dejó sin habla.

참 멋지다!

미리 알아둘 표현

영 하우 뷰티풀
How beautiful!

일 토테모 스테키다
とてもすてきだ!

중 쩐머이야
真美呀!

프 쎄 제니알
C'est génial!

독 분더바
Wunderbar!

스 께 마라비요소
¡Qué maravilloso!

잘했다! 훌륭하다!

미리 알아둘 표현

영 댓스 마이 보이
That's my boy!

일 요꾸시다 릿빠다
よくした! りっぱだ!

중 쭤더호우! 부춰!
做得好! 不錯!

프 쎄 비앙! 브라보!
C'est bien! Bravo!

독 굿 클라쎄!
Gut! Klasse!

스 께 비엔 께 마그니피꼬
¡Qué bien! ¡Qué magnífico!

여러분 모두 타십시오!

기내에서 좌석을 찾으며

영 올 어보얼드
All aboard!

일 미나상 놋떼구다사이
みなさんのってください。

중 따짜칭상호우
大家請上好.

프 프러네 라비용 뚜스
Prenez l'avion tous!

독 비테 슈타이겐 지 아인
Bitte, steigen Sie ein!

스 세뇨레스 빠사헤로스 수반 또도스 알 아비온 뽀르 파보르
Sres. pasajeros suban todos al avión por favor.

6 손님 좌석은 통로에 있습니다.

기내에서 좌석을 찾으며

영 잇쓰 온 디 아일
It's on the aisle.

일 오캬꾸상노 자세키와 쯔으로니 아리마스
お客さんのざせきは通路にあります。

중 쎈성 쭤워짜이 퉁루삔
先生, 座位在通路邊.

프 보트리 쁠라스 에 베르 르 끌로와
Votre place est vers le coulor.

독 이어 플랏츠 베핀덴 지히 네벤 뎀 아인강
Ihr Platz befindet sich neben dem Gang.

스 수 아씨엔또 에스따 훈또 알 빠씨요.
Su asiento está junto al pasillo.

7 저기 창가 좌석이군요.

기내에서 좌석을 찾으며

영 잇쓰 어 윈도우 씻 오우브 데어
It' s a window seat over there.

일 아소꼬노 마도가와노자세키데스네
あそこのまど側のざせきですね。

중 나창뺀 쮸쓰 닌더쭤웨
那窗邊, 就是您的座位.

프 보트르 쁠라스 에 베르 르 프네트르 라
Votre place est vers le fenêtre, là.

독 도르트 암 펜스터
Dort am Fenster.

스 수 아씨엔또 에스따 훈또 아 라 벤따니야
Su asiento está junto a la ventanilla.

실례합니다. 좀 지나가겠습니다.

기내에서 좌석을 찾으며

영 익스큐즈 미 캔 아이 패쓰 온
Excuse me. Can I pass on.

일 시쯔레이데스가 춋또 도오시데 구다사이마셍까
しつれいですが、
ちょっととおしてくださいませんか。

중 마펀니 랑워꿔취이샤
麻煩您，讓我過去一下.

프 엑스뀌즈 모아. 레쎄 빠쎄 씰 부 쁠레
Excusez-moi. Laissez passer, s'il vous plaît.

독 엔트 슐디궁. 칸 이히 포바이 게엔
Entschuldigung, kann ich vorbei gehen?

스 꼰 수 뻬르미소 뿌에도 빠사르
Son su permiso. Puedo pasar.

신문을 보고 싶습니다.

승객의 요구사항

영 메이 아이 해버 뉴즈페이퍼
May I have a newspaper.

일 신붕가 요미타인데스
しんぶんがよみたいんです。

중 샹칸 빠우즈
想看報紙.

프 엉 쥬르날 씰 부 쁠레
Un journal, s'il vous plaît.

독 이히 헤테 게른 아이네 짜이퉁
Ich hätte gern eine Zeitung.

스 끼에로 레에르 운 뻬리오디꼬
Quiero leer un periódico.

화장실은 어디에 있습니까?

승객의 요구사항

영 웨어즈 더 토일릿[래버토리]
Where's the toilet?[lavatory]

일 오테아라이와 도코니 아리마스까
おてあらいはどこにありますか。

중 처쉬짜이선머띠팡
厠所在什么地方?

프 우 에 르 까비네 드 또왈레뜨
Oui est le cabinet de toilettes?

독 보 이스트 디 토알레테
Wo ist die Toilette?

스 돈데 에스따 엘 바뇨
¿Dónde está el baño?

갈아타는 비행기는 어디에서 탑니까?

갈아탈 비행기편의 확인

영 웨어 캔 아이 테이크 더 커넥팅 플라잇
Where can I take the connecting flight?

일 노리까에루 히고오키와 도코데 노리마스까
のりかえるひこうきはどこでのりますか。

중 짜이선머띠팡 환층퍼찌너
在什么地方换乘飛機呢？

프 우 쥬 도와 샹제 다비옹
Où je dois changer d'avion?

독 보 칸 이히 덴 트란짓 풀룩 아인슈타이겐
Wo kann ich den Transitflug einsteigen?

스 뽀르 께 뿌에르따 수보 알 아비온
¿Por qué puerta subo al avión?

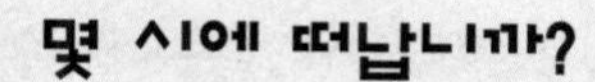

몇 시에 떠납니까?

갈아탈 비행기편의 확인

영 왓 타임 더즈 잇 리-브
What time does it leave?

일 난지니 데마스까
何時に出ますか。

중 지덴추파너
几点出発呢？

프 아 께엘 러르 빠르띨
A quelle heure part-il?

독 반 슈타테트 데어 풀룩
Wann startet der flug?

스 아 께 오라 살레
¿A qué hora sale?

여권을 보여주시겠습니까?

입국 심사

영 메이 아이 씨 유어 패스포트
May I see your passport?

일 파스포오토오 미세떼구다사이마센까
パスポートを見せてくださいませんか。

중 칭나추 후쪼우 커이마
請拿出戸照可以嗎？

프 도네 모아 보트르 빠스뽀르
Donnez-moi votre passeport?

독 이렌 파스 비테
Ihren Paß, bitte!

스 뻬에도 베르 수 빠사뽀르떼
¿Puedo ver su pasaporte?

얼마동안 머무르실 계획이신가요?

입국 심사

영 하우 롱 아 유 고잉 투 스때이
How long are you going to stay?

일 도노 구라이 고다이자이사레마스까
どのくらいご滞在されますか。

중 다쏸따이뚜어창스잰
打算待多長時間?

프 꽁비앙 드 땅 레스떠 부
Combien de temps restez-vous?

독 비 랑에 블라이벤 지 히어
Wie lange bleiben Sie hier?

스 꾸안또 띠엠뽀 삐엔사 께다르세
¿Cuánto tiempo piensa quedarse?

실례지만 환전소가 어디에 있습니까?

환전소에서

영 익스큐즈 미
Excuse me,
벗 웨어즈 더 머니 익스체인지
but where's the Money Exchange?

일 시쯔레이데스가 료오가에쇼와 도꼬데스까
しつれいですが、 兩替所はどこですか。

중 치원이샤 환첸추짜이 선머띠방
請問一下, 換銭処在什么地方?

프 우 스 트르브 르 뷔로 드 샹쥐 씰 부 쁠레
Où se trouve le bureau de change, s'il vous plaît?

독 엔트슐디궁 보 칸 이히 겔트 벡셀른
Entschuldigung, wo kann ich Geld wechseln?

스 꼰 수 뻬르미소 돈데 에스따 라 오피스나 데 깜비오 데 디네로
Con su permiso,
¿dónde está la oficina de cambio de dinero?

잔돈으로 부탁합니다.

환전소에서

영 스몰 체인지 플리즈
Small change, Please.

일 고레오 고마가꾸시떼구다사이
これを細かくしてください。

중 샹요우 링첸
想要零錢.

프 삐 주 아보아 드 라 모네
Puis-je avoir de la monnaie.

독 게벤 지 미어 비테 에뜨바스 클라인겔트
Geben Sie mir bitte etwas Kleingeld.

스 수엘또 뽀르 파보르
Suelto, por favor.

17 오늘밤 투숙할 더블룸을 예약하고 싶은데요.

전화로 호텔예약

영 아이드 라이크 투 리저브 어 더블룸 훠 투나잇
I'd like to reserve a double room for tonight.

일 곤야 다부루루우무오 요야꾸 시타인데스가
今夜ダブルル―ムをよやくしたいんですが。

중 워샹위띵찐완쭈더 쏴앙런팡쟨
我想預定, 今晚住的双人房間.

프 쥬 브드레 레제르베 윈느 샹브를 아베끄 두 리
Je voudrais réserver une chambre avec deux lits.

독 이히 뫼헤테 아인 도펠찜머 퓨어 호이테 아벤트 부헨 라센
Ich möchte ein Dopplezimmer für heute abend buchen lassen.

스 끼에로 레세르바르 우나 아비따씨온 도블레 빠라 에스따 노체
Quiero reservar una habitación doble para esta noche.

이용할 수 있는 방이 있습니까?

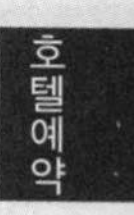

전화로 호텔예약

영 두 유 해브 원 어베일러블
Do you have one available?

일 요야꾸데끼마스까
よやくできますか。

중 유팡즈마
有房間嗎？

프 에스끄 낄 이 엉 아
Est-ce qu'il y en a?

독 하벤 지 아인 찜머 프라이
Haben Sie ein Zimmer frei?

스 띠에네 우스뎃 우나 아비따씨온 리브레
¿Tiene Ud. una habitación libre?

방 요금이 얼마입니까?

전화로 호텔예약

영 왓스 더 룸 레이트
What's the room rate?

일 헤야다이와 이꾸라데스까
部屋代はいくらですか。

중 팡이퍼이따까이 뚜워쏘우
房費大概多少?

프 꽁비앙 싸 꾸드
Combien ça coûte?

독 비 필 코스테트 다스 찜머
Wie viel kostet das Zimmer?

스 꾸안또 꾸에스따
¿Cuánto cuesta?

20 나의 이름은 김인호입니다.

전화로 호텔예약

영 마이 네임 이즈 인호 김
My name is In-ho Kim.

일 와따시노 나마에와 키무인호데스
わたしのなまえはキムインホです。

중 워쪼우찐런호우
我叫金仁浩.

프 쥬 마뻬엘 김인호
Je m'appelle Kim In-Ho.

독 마인 나메 이스트 김인호
Mei, Name ist Kim, In-ho.

스 메 야모 김 인 호
Me llamo Kim In Ho.

그 호텔까지 무얼타고 가지요?

전화로 호텔예약

영 하우 캔 아이 겟 투 더 호우텔
How can I get to the hotel?

일 소노호테루마데 나니니놋떼 이끼마스까
そのホテルまで何にのっていきますか。

중 쭤선머 커이취 니먼빙관너
坐什么可以去, 你們檳館呢?

프 께스끄 쥬 뿌 프랑드르 뿌르 알레 아 쎄또뗄
Qu'est-ce que je peux prendre pour aller à cet hôtel?

독 비 칸 이히 쭘 호텔
Wie kann ich zum Hotel?

스 엔 께 뿌에도 이르 알 오뗄
¿En qué puedo ir al hotel?

얼마나 자주 운행합니까?

전화로 호텔예약

영 하우 오픈 다스 더 셔틀버스 런
How often does the shuttle bus run?

일 타비타비 아리마스까
たびたびありますか。

중 지번중 유이탕
几分鐘有一趟？

프 꽁비앙 드 푸아 일 씨르뀔
Combien de fois il circule?

독 비 오프트 콤트 에어
Wie oft kommt er?

스 까다 꾸안또 띠엠뽀 살레 엘 아우또부스
¿Cada cuánto tiempo sale el autobús?

김인수란 이름으로 예약했었습니다.

숙박절차를 밟을 때

영 아이 해버 레져베이숀 풔 인수 김
I have a reservation for In-su Kim.

일 와타시와 김인수데스 요야쿠요 시마시다
わたしよキムインスです、よやくをしました。

중 이찐런쭈밍 이띵러팡짼
以金仁洙名，已定了房間.

프 재 레제르베 오 농 드 김인수
J'ai réservé au nom de Kim In-Soo.

독 이히 하베 미히 아우프 덴 나멘 킴 레저비어르트
Ich habe mich auf den Name Kim reserviert.

스 이쎄 우나 ㄹ레세르바시온 아 놈브레 데 김 인 수
Hice una reservación a nombre de Kim In Su.

24 호텔 요금이 얼마입니까?

숙박절차를 밟을 때

영 호우텔 레잇스
Hotel rates?

일 헤야다이와 이쿠라데스까
部屋代はいくらですか。

중 쭈쉬퍼이쓰뚜워쏘우
住宿費是多少?

프 쎄 꽁비앙
C'est combien?

독 비 필 코스테트 다스 찜머
Wie viel kostet das Zimmer?

스 꾸안또 꾸에스따 엘 오스뻬다헤
¿Cuánto cuesta el hospedaje?

주문을 받을까요?

시내 식당에서

영 메이 아이 테이크 유어 오더
May I take your order?

일 나니오 메시아가리마스까
何を召しあがりますか。

중 샹라이덴 선머
想来点什么？

프 끄 데지레 부
Que désirez-vous?

독 바스 뫼헤텐 지 베슈텔렌
Was möchten Sie bestellen?

스 아 라 오르덴
¿A la orden?

오늘의 특별음식이 무엇입니까?

시내 식당에서

영 왓스 투데이즈 스뻬셜
What's today's special?

일 교오노 도꾸베쓰료오리와 난데스까
今日の特別料理は何ですか。

중 찐텐 유선머터베더
今天, 有什么特别的?

프 께엘 에 르 쁠라 뒤 쥬르
Quel est le plat du jour?

독 바스 이스트 타게스메뉴 폰 이넨
Was ist Tagesmenü von Ihnen?

스 꾸알 에스 엘 메누 에스뻬시알 데 오이
¿Cuál es el menú especial de hoy?

27 비타민을 팝니까?

쇼핑할 때(약국에서)

영 두 유 캐리 바이더민스
Do you carry vitamins?

일 비타민가 아리마스까
ビタミンがありますか。

중 유워이썽쑤마
有微生素嗎？

프 부 자베 라 비타민
Vous avez la vitamine?

독 하벤 지 아후 비타미네
Haben Sie auch Vitamine?

스 벤덴 비따미나스
¿Venden vitaminas?

종합비타민을 주세요.

쇼핑할 때(약국에서)

영 아이드 라이크 멀티바이더민
I'd like multivitamin.

일 소오고오 비타민오 구다사이
そうごうビタミンをください。

중 나푸허워이썽쑤바
拿復合維生素吧.

프 뮐띠 비타민, 씰 부 쁠레
multi-vitamine, s'il vous plaît.

독 물티 비타미네 비테
Multi Vitamine, bitte.

스 데메 우나 물띠 비따미나
Deme una multi-vitamina.

입냄새 제거약 주세요.

쇼핑할 때(약국에서)

영 마우스우오쉬 플리즈
Mouthwash, please.

일 고오슈우노 죠쿄야꾸오 구다사이
こうしゅうのじょきょやくをください。

중 나코우초우요우바
拿口臭薬吧.

프 께엘끄 쇼즈 꽁트르 모베 잘렌, 씰 부 쁠레
Quelque chose contre mauvaise halène, s'il vous plaît.

독 이히 헤테 게른 아인 미텔 게겐 문트게루흐
Ich hätte gern ein Mittel gegen Mundgeruch.

스 데메 우나 메디시나 꼰뜨라 엘 말 올로르 데 보까
Deme una medicina contra el mal olor de boca.

기침약 주세요.

쇼핑할 때(약국에서)

영 썸띵 풔 쿠오－프 플리즈
Something for cough, please.

일 세끼도메오 구다사이
咳止めをください。

중 게이 커쒀요우바
給咳嗽薬吧.

프 쥬 브드레 께엘끄 쇼즈 꽁트르 라 뚜
Je voudrais quelque chose contre la toux.

독 후스텐미텔 비테
Hustenmittel, bitte.

스 데메 우나 메디시나 꼰뜨라 라 또스
Deme una medicina contra la tos.

31 코막힐 때 먹는 약 주십시오.

쇼핑할 때(약국에서)

영 네이절 디―컨제스턴트 플리즈
Nasal Decongestant, please.

일 하나가 쯔마루도키 노무구스리오 구다사이
はながつまるときのむくすりをください。

중 나거비싸이요우바
拿个鼻塞薬吧.

프 쥬 브르레 께엘끄 쇼즈 꽁트르 르네 부쉐
Je voudrais quelque chose contre le nez bouché.

독 게벤 지 미어 비테 아인 메티가멘트 게겐 슈눕펜
Geben Sie mir bitte ein Medikament gegen Schnupfen.

스 데메 메디시나 빠라 엘 까따로
Deme medicina para el catarro.

설사약 좀 주십시오.

쇼핑할 때(약국에서)

영 썸딩 풔 다이어리–어 플리즈

Something for diarrh(o)ea, please.

일 게리도메오 구다사이

下痢止めをください。

중 나쎄리팅펜바

拿瀉痢停片吧.

프 쥬 브드레 께엘끄 쇼즈 꽁트르 라 디아레

Je voudrais quelque chose contre la diarrhée.

독 게벤 지 미어 비테 아인 메디카멘트 게겐 두르히팔

Geben Sie mir bitte ein Medikament gegen Durchfall.

스 데메 메디시나 꼰뜨라 라 디아ㄹ레아

Deme medicina contra la diarrea.

매표소가 어디에 있습니까?

기차 여행을 할 때

영 웨어즈 더 티킷 카운터
Where's the ticket counter?

일 세이산조와 도꼬데스까
精算所はどこですか。

중 쏘우표추짜이 나얼
售票処在哪児?

프 우 삐 쥬 아쉬떼 엉 비이에
Où puis-je acheter un billet?

독 보 이스트 데이 솨알터
Wo ist der Schalter?

스 돈데 에스따 라 따끼야
¿Dónde está la taquilla?

첫 열차는 몇 시에 있습니까?

기차 여행을 할 때

영 왓 타임 이즈 더 퍼스트 트레인
What time is the first train?

일 시하쯔렛샤와 난지니 아리마스까
始発列車は何時にありますか。

중 토우이탕쓰 지덴더
頭一趟是几点的?

프 아 께엘 러르 르 프리미에 트랑 빠르
A quelle heure le premier train part?

독 반 페르트 데어 에르스테 쭉 나하 하이델베르크 압
Wann fährt der erste Zug nach Heidelberg ab?

스 아 께 오라 살레 엘 쁘리메르 뜨렌
¿A qué hora sale el primer tren?

얼마입니까?

기차 여행을 할 때

영 왓스 더 페어
What's the fare?

일 이쿠라데스까
いくらですか。

중 뚜워소우첸
多少錢?

프 싸 꾸뜨 꽁비앙
Ça coûte combien?

독 비 필 코스테트 에스
Wie viel kostet es?

스 꾸안또 에스
¿Cuánto es?

36 감사합니다.

기차 여행을 할 때

영 땡큐
Thank you.

일 아리가토오고자이마스
ありがとうございます。

중 쎄쎄
謝謝.

프 메르씨
Merci.

독 당케
Danke.

스 그라시아스
Gracias.

37 여기 있습니다.

기차 여행을 할 때

영 히어 유 아
Here you are.

일 도오조
どうぞ。

중 게이니
給你.

프 뜨네
Tenez.

독 이스트 인
Ist in.

스 아끼 에스따
Aquí está.

거스름돈은 넣어두세요.

기차 여행을 할 때

영 플리즈 킵 더 체인지
Please keep the change.

일 오쯔리와 이리마센
おつりはいりません。

중 링첸부융조러
零錢不用找了.

프 갸르데 라 모네
Gardez la monnaie.

독 오르트눙 조
Ordnung so.

스 께데세 꼰 엘 깜비오
Quédese con el cambio.

여보세요.

전화 통화할 때

영 헬로우
Hellow!

일 모시모시
もしもし。

중 워이
喂.

프 알로
Allô?

독 할로
Hallo!

스 디가
Diga!

누구시라고 전할까요?

전화 통화할 때

영 후 쉘 아이 쎄이
Who shall I say?

일 다레데쇼오까 도나타데쇼오까
だれでしょうかどなたでしょうか。

중 전머촨 니쓰수이너
怎么伝你是誰?

프 끼 에 따 빠레이
Qui est à appareil?

독 폰 벰 졸 이히 다스 아우스리히텐
Von wem soll ich das ausrichten?

스 데 빠르떼 데 끼엔
¿De parte de quién?

41 아무도 예측할 수 없다.

일상적인 표현

영 후 켄 세이
Who can say?

일 다레모와까라나이
だれもわからない。

중 수이도우 위처뿌료더
誰都預測不了的.

프 뻬르손 느 프레보아
Personne ne prévoit.

독 다스 바이스 니만트
Das weiß niemand.

스 나디에 뿌에데 아디비나르
Nadie puede adivinar.

42 맞았어, 바로 그거야.

일상적인 표현

영 유 켄 쎄이 뎃 어겐
You can say that again.

일 하이 소오데스
はい、そうです。

중 뚜이러 쮸쓰나거
对了, 就是那个.

프 위 쎄 비앙 싸
Oui. C'est bien ça.

독 리히티히 조 이스트 다스
Richting, so ist das.

스 띠에네 라손 데소 에스
Tiene razón, Eso es.

43 생각해 보죠.

일상적인 표현

영 아일 씨 (아일 씨 어바웃 잇)
I'll see. [I'll see about it.]

일 간가에마스
かんがえます。

중 샹이샹
想一想.

프 주 레플레쉬레
Je réflechirai.

독 이히 베르데 나하뎅켄
Ich werde nachdenken.

스 로 뻰사레
Lo pensaré.

44 안녕! 또 만나세!

일상적인 표현

영 씨 유 (아일 비 씨잉 유)
See you! [I'll be seeing you]

일 사요나라 마따오아이시마쇼오
さよなら。 またおあいしましょう。

중 자이짼
再見.

프 아비앙 또
A bientôt!

독 아우프 비더젠 취스 비스 단
Auf Wiedersehen! Tschüß! Bis dann!

스 아디오스 아스따 라 비스따
Adiós. Hasta la vista.

곧 알게 될꺼다.

일상적인 표현

영 유일 씨
You'll see

일 스구와까리마스
すぐわかります。

중 이훌 쮸즈또우러
一会児，就知道了.

프 뛰 써라 비앙또
Tu sauras bientôt.

독 다스 베르덴 비어 발트 비센
Das werden wir bald wissen.

스 바 아 사베르로 쁘론또
Va a saberlo pronto.

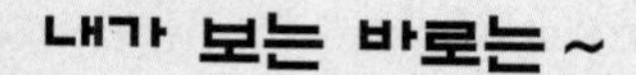

46 내가 보는 바로는 ~

일상적인 표현

영 애즈 아이 씨 잇
As I see it~

일 와타시노 칸가에와
私のかんがえは ~

중 워칸쓰
我看是...

프 다르레 쓰 끄 쥬 보아
D'après ce que je vois~

독 마이너 압 지히트 나하
Meiner ab sicht nach~

스 메 빠레세 께
Me parece que~

47 갑시다.

일상적인 표현

영 랫 쓰 고우
Let's go.

일 이키마쇼오
いきましょう。

중 조우바
走吧.

프 옹 니 바
On y va.

독 라스 운스 게엔
Laß uns gehen.

스 바모스
Vamos.

여행시 회화 2

1 저 모터보트 좀 보세요.

여행시 표현

영 룩 엣 댓 모우러보우트
Look at that motorboat!

일 아노 모타보오토오오 고란구다사이
あのモーターボートをごらんください。

중 쵸나치팅
瞧那汽艇.

프 러가르데 스 바또라
Regardez ce bateau-là.

독 제엔 지 말 다스 모토아보트
Sehen Sie mal das Motorboot!

스 미레 우스뎃 아께엘 보떼 모또리사도
Mire Ud. aquel bote motorizado.

2 참 신나는군요!

영 하우 익싸이팅
How exciting!

일 도테모 타노시인테스네
とてもたのしいんですね。

중 쩐라이쪄얼
真来劲児

프 쎄 아뮤장
C'est amusant!

독 아우프레겐트
Aufregend!

스 께 디베르띠도
¡Qué divertido!

3 요금은 얼마입니까?

여행시 표현

영 왓스 더 레이트
What's the rate?

일 료오낑와 이쿠라데스까
りょうきんはいくらですか。

중 뚜어소우첸
多少錢?

프 싸 꾸뜨 꽁비앙
Ça coûte combien?

독 바스 코스테트 다스
Was kostet das?

스 꾸안또 에스
¿Cuánto es?

이것이 요금표입니다.

영 디스 이즈 어 리스트 옵 차지스
This is a list of charges.

일 고레가 카가꾸효오데스
これがかがくひょうです。

중 쩌쮸쓰 짜거뵤
這就是价格表.

프 보알라 노트르 샤르뜨 드 따리프
Voilà notre charte de tarif.

독 다스 이스트 디 프라이스타벨레
Das ist die Preistabelle.

스 에스따 에스 라 리스따 데 쁘레시오스
Esta es la lista de precios.

5 우리 차례는 언제옵니까?

여행시 표현

영 웬 윌 아어 턴 컴 라운드
When will our turn come round?

일 와타시노 쥰죠와 이쯔데스까
私のじゅんじょはいつですか。

중 선머스호우 룬또우 워먼
什么時侯輪到我們?

프 깡 누 뿌봉 엉 패르
Quand nous pouvons en faire?

독 반 쾨엔넨 비어 엔틀리히 드란
Wann können wir endlich dran?

스 떼네모스 께 에스뻬라르 누에스뜨로 뚜르노
¿Tenemos que esperar nuestro turno?

차례를 기다려 주십시오.

영 져스트 웨잇 풔 유아 턴
Just wait for your turn.

일 쥰죠오 맛떼 구다사이
じゅんじょをまってください。

중 칭등순쉬바
清等順続吧.

프 아땅데
Attendez.

독 바르텐 지 아우프 디 라이에
Warten Sie auf die Reihe!

스 에스뻬렌 수 뚜르노
Esperen su turno.

7 15분만 있으면 차례가 옵니다.

여행시 표현

영 유어 턴 윌 컴 라운드 인 피프틴 미닛스
Your turn will come round in fifteen minutes.

일 쥬우고분 나라 이이데스
15 分ならいいです。

중 스우분중 쮸룬또우러
十五分鐘, 就輪到了.

프 당 깽즈 미뉘뜨
Dans quinze minutes.

독 지 쾨엔넨 인 퓝프첸 미누텐 안 데어 라이에
Sie können in 15 Minuten an der Reihe.

스 에스뻬렌 낀세 미누또스
Esperen quince minutos.

8 차례가 왔습니다.

영 유어 턴 해즈 컴 라운드
Your turn has come round.

일 와타시노 쥰죠데스
私のじゅんじょです。

중 룬또우러
輪到了.

프 보트르 뚜르
Votre tour.

독 에츠트 지 진트 드란
Jetzt Sie sind dran.

스 에스 수 뚜르노
Es su turno.

그 말씀 좋게 들립니다.

여행시 표현

영 댓 사운즈 굿
That's sounds good.

일 소레 이이데스
それいいです。

중 나예 부춰
那也不錯.

프 싸 서레 비앙
Ça serait bien.

독 다스 클링트 쉔
Es klingt schön.

스 에소 에스 부에노
Eso es bueno.

거리가 얼마나 되지요?

여행시 표현

영 하우 파 이즈 잇
How far is it?

일 도노 구라이 데스까
どのぐらいですか。

중 유뚜워웬
有多遠?

프 꽁비앙 뒤 땅 뒤르 띨
Combien du temps dure-t-il?

독 비 바이트 이스트 에스 폰 히어
Wie weit ist es von hier?

스 께 디스딴시아 아이
¿Qué distancia hay?

11 차로 30분 걸립니다.

여행시 표현

영 잇 테이크스 어바웃 써티 미닛스
It takes about 30 minutes.

일 구루마데 산줏뿡 카카리마스
くるまで三十分かかります。

중 쭤처쉬요우싼스펀중
坐車需要三十分鐘.

프 싸 뒤르 트랑뜨 미뉘뜨 엉 봐뛰르
Ça dure trente minutes en voiture.

독 에스 다우에르트 드라이씨히 미누텐 밋뎀 아우토
Es dauert 30 Minuten mit dem Auto.

스 쎄 뜨르다 뜨레인따 미누또스 엔 꼬체
Se tarda treinta minutos en coche.

보드를 빌리고 싶습니다.

여행시 표현

영 아이 원트 렌트 어 보오드
I want to rent a board.

일 보드가 가리타인데스
ボートがかりたいんです。

중 샹쩨화수이반
想借滑水板.

프 쥬 브드레 루에 엉 바또
Je voudrais louer un bateau.

독 이히 뫼헤테 아인 보트 아우스라이엔
Ich möchte ein Boot ausleihen.

스 끼에로 알낄라는 움 보떼
Quiero alquilar un bote.

어디가 아프십니까?

여행시 병원에서

영 웨어 다즈 잇 허트
Where does it hurt?

일 도꼬가 이타인데스까
どこがいたいんですか。

중 나얼 뿌쑤부마
哪]兒不舒服嗎？

프 께스 끼 느 바 빠
Qu'est-ce qui ne va pas?

독 바스 펠트 이넨
Was fehlt Ihnen?

스 께 레 두엘레
¿Qué le duele?

14 여기 허리를 삐끗했습니다.

여행시 병원에서

영 아이 스프레인드 마이 백 히어
I sprained my back here.

일 고코 고시오 구지키마시다
ここここしをくじきました。

중 뉴러요우
扭了腰.

프 재 르 도 앙또르쎄
J'ai le dos entorsé.

독 에스 찌트 임 뤼켄
Es zieht im Rücken.

스 메 에 디스로까도 라 신뚜라
Me he dislocado la cintura.

15 오른쪽으로 누우세요.

여행시 병원에서

영 라이 온 유어 라잇 싸이드
Lie on your right side.

일 미기가와에 요코니 낫테구다사이
みぎがわへよこになってください。

중 왕유탕이샤
往右趟一下.

프 알롱제 부 아 도와뜨
Allongez-vous à droit.

독 레겐 지 지히 비테 아우프 디 레히테 짜이테
Legen Sie sich bitte auf die rechte Seite.

스 뚬베세 아 라 데레차
Túmbese a la deracha.

저 좀 돌아눕혀 주시겠습니까?

여행시 병원에서

영 우주 플리즈 턴 미 오우버
Would you please turn me over?

일 아노 와타시오 요코타에테 구다사이마센까
あのわたしをよこたえてくださいませんか。

중 빵워좌안꿔선라이 커이마
帮我転過身来, 可以嗎？

프 애데 모아 아 므 뚜르네.
Aidez-moi à me tourner.

독 쾨엔넨 지 미어 바임 드렌 헬펜
Können Sie mir beim Drehen helfen?

옆구리가 많이 아픕니다.

여행시 병원에서

영 아이 해버 테러블 페인 인마이 싸이드
I have a terrible pain in my side.

일 요코바라가 쯧빳테 도테모 이타인데스
よこばらがつっぱってとてもいたいんです。

중 요우 헌트응
腰很疼.

프 재 뒤 말 오 꼬떼
J'ai du mal au côté.

독 안 데 짜이테 투트 에스 미어 베
An der Seite tut es mir weh!

스 메 두엘레 무초 라 신뚜라
Me duele mucho la cintura.

18 어지럽습니까?

여행시 병원에서

영 아 유 필링 디지
Ary you feeling dizzy?

일 메마이가 시마스까
めまいがしますか。

중 토우윈마
頭暈嗎?

프 부 쟈베 라 떼뜨 끼 뚜른
Vous avez la tête qui tourne?

독 이스트 이넨 슈빈들리히
Ist Ihnen schwindlig?

스 띠에네 마레오
¿Tiene mareo?

숨을 크게 쉬세요.

여행시 병원에서

영 테이커 딥 부레스
Take a deep breath.

일 이키오 오오키쿠 하이테 구다사이
いきをおおきくはいてください。

중 씨따코우치
吸大口気.

프 레스피레
Respirez.

독 아트멘 지 티프 아인
Atmen Sie tief ein.

스 르레스삐레 우스뎃 푸에르떼
Respire Ud. fuerte.

숨을 잠깐 멈추세요.

영 호울드 유어 부레스
Hold your breath.

일 이키오 시바라쿠 도메테구다사이
いきをしばらくとめてください。

중 잔팅후씨바
暫停呼吸吧.

프 스또뻬 드 레스피레 엉 쁘띠 모멍
Stoppez de respirer un petit moment.

독 할텐 지 비테 쿠르쯔 디 루푸트 안
Halten Sie bitte kurz die Luft an.

스 노 레스삐레 움 모멘또
No respire un momento.

21 드러누우세요.

여행시 병원에서

영 라이 온 유어 백
Lie on your back.

일 요꼬니 낫떼구다사이
横になってください。

중 탕이샤바
趟一下吧.

프 알롱제-부
Allongez-vous.

독 레겐 지 지히 힌
Legen Sie sich hin.

스 뽕가세 보까 아ㄹ리바
Póngase boca arriba.

뱃 속에 가스가 찹니다.

여행시 병원에서

영 아이 해브 개스 인 더 바우얼즈
I have gas in the bowels.

일 오나까니 가스가 아리마스
お中にガスがあります。

중 뚜즈리만러치
肚子里满了気.

프 재 르 방트로 엉 쁠랭 뒤 가즈
J'ai le ventre en plen du gaz.

독 이히 하베 아이넨 게블레텐 바우흐
Ich habe einen geblähten Bauch.

스 땡고 돌로르 데 에스또마고.
Tengo dolor de estómago.

숨쉬기가 곤란합니까?

여행시 병원에서

영 아 유 쇼트 옵 부레스
Are you short of breath?

일 이키오 하쿠노가 고마리마스까
いきをはくのがこまりますか。

중 촨칠퍼찐마
喘気費勁嗎？

프 부 자베 뒤 말 아 레스삐레
Vous avez du mal à respirer?

독 하벤 지 베슈베르덴 바임 아트멘
Haben Sie Beschwerden beim Atmen?

스 에스 디피실 ㄹ레스삐라르
¿Es difi´cil respirar?

24 간호사를 부르는 장치는 어디있습니까?

여행시 병원에서

영 웨어즈 더 콜 시그널 훠 더 너어스
Where's the call signal for the nurse?

일 간고후오 요부보탄와 도코니 아리마스까
かんごふをよぶボタンはどこにありますか。

중 쪼우후스더 링짜이 선머띠팡
招護士的鈴在什么地方?

프 우 에 르 브똥 뿌르 아쁠레 렝피르미에
Où est le bouton pour appeler l'infirmier?

독 보 이스트 다스 루프지그날 퓨어 크랑켄슈베스터
Wo ist das Rufsignal für Kranken schwester?

스 돈데 에스따 엘 보똔 빠라 야마르 아 라 엔페르메라
Dónde está el botón para llamar a la enfermera?

화장실에 가고 싶습니다.

여행시 병원에서

영 아이 해브 투 고우 투 더 배스룸
I have to go to the bathroom.

일 오테아라이에 이키타인데스
おてあらいへいきたいんです。

중 샹취처쉬
想去廁所.

프 쥬 브드레 알레 오 또알레뜨
Je voudrais aller aux toilettes.

독 이히 뫼헤테 아우프 디 토이렛테
Ich möchte auf die Toilette.

스 끼에로 이르 알 바뇨
Quiero ir al baño.

26 소변이 보고 싶습니다.

여행시 병원에서

영 아이 해브 투 유리네이트
I have to urinate.

일 고요오오 다시타인데스
こようをたしたいんです。

중 쇼뺀
小便.

프 쥬 브드레 패르 삐삐
Je voudrais faire pipi.

독 이히 뫼헤테 바써 라센
Ich möchte Wasser lassen.

스 끼에로 오리나르
Quiero orinar.

27 마실 것 좀 주십시오.

여행시 병원에서

영 메이 아이 해브 썸띵 투 드링크
May I have something to drink.

일 노미모노오 구다사이
のみものをください。

중 게이덴인료바
給点飲料吧.

프 도네 모아 께엘끄 쇼즈 아 보아
Donnez-moi quelque chose à boire.

독 브링엔 지 미어 바스 트링켄
Bringen Sie mir was trinken.

스 데메 알고 께 베베르
Deme algo que beber.

산책을 해도 됩니까?

여행시 병원에서

영 메이 아이 테이커 워크
May I take a walk?

일 산뽀오 시데모 이인데스까
さんぽをしてもいいんですか。

중 커이 싼뿌마
可以散步嗎？

프 뿌이주 므 프롬므네
Puis-je me promener?

독 다르프 이히 슈파찌어강 마헨
Darf ich Sparziergang machen?

스 쁘에도 다르 운 빠세오
¿Puedo dar un paseo?

29 의자에 앉아도 됩니까?

여행시 병원에서

영 메이 아이 씻 인 더 체어
May I sit in the chair?

일 이스니 가케테모 이인데스까
いすにかけてもいいんですか。

중 커이쮜짜이 이즈마
可以坐在椅子嗎？

프 뿌이주 마쏘아
Puis-je m'assoir?

독 다르프 이히 미히 젯쩨엔
Darf ich mich setzen?

스 쁘에도 쎈따르메 엔 라 씨야
¿Puedo sentarme en la silla?

여행시 회화 3

1 도와주세요.

여행시 소매치기

영 헬프
Help!

일 타스케데 구다사이
たすけてください。

중 칭빵이샤
請幇一下.

프 에데 모아
Aidez-moi!

독 힐페 힐페
Hilfe! Hilfe!

스 아유데메
Ayúdeme.

내 지갑이 없어졌어요.

여행시 소매치기

영 마이 왈릿 이즈 곤—
My wallet is gone.

일 와타시노 사이후가 나쿠나리마시다
わたしのさいふがなくなりました。

중 워더첸빠우 메이러
我的銭包没了.

프 몽 뽀르뜨퍼이 에 디스빠뤼
Mon portefeuille est disparu.

독 마인 겔트 보이텔 이스트 벡
Mein Geldbeutel ist weg.

스 메 안 로바도 라 까르떼라
Me han robado la cartera.

경찰을 부르겠습니다.

여행시 소매치기

영 아일 콜 더 폴리스
I'll call the police.

일 케이깡오 요비마스
けいかんをよびます。

중 쪼우징차라이
招警察来.

프 쟈블러레 라 뽈리스
J'appelerai la police.

독 이히 루페 폴리짜이
Ich rufe Polizei.

스 보이 아 야마르 아 라 뽈리시아
Voy a llamar a la policía

4 무얼 도난당했습니까?

여행시 소매치기

영 왓 워즈 스또울런
What was stolen?

일 나쿠나리마시타까
なくなりましたか。

중 선머뚱시 뻬이또우러
什么東西被盜了?

프 께스 끄 부 부 제뜨 패 볼레
Qu'est-ce que vous vous êtes fait voler?

독 바스 진트 지 게슈톨렌
Was sind Sie gestohlen?

스 께 레 로바론
¿Qué le robaron?

여행자수표와 현금이오.

여행시 소매치기

영 츠레블러스 첵 앤드 캐시
Traveler's check and cash.

일 토라베라아즈첵쿠또 겡낀데스
トラベラーズチェックと現金です。

중 뤼유즈퍄 허 셴찐
旅游支票和現金.

프 세끄 드 바야쥐 에레 제스패스
Chèque de voyage, et les espèces.

독 라이제쉑크 운트 바겔트
Reisescheck und Bargeld.

스 체께스 데 비아헤로 이 디네로 엔 에펙띠보
cheques de viajero y dinero en efectivo.

예정대로 여행할 수가 없어요.

여행시 소매치기

영 아이 캐앤 고우 온 스케쥴
I can't go on schedule.

일 요테이노도오리 료코오가데키마셍
よていのどおりりょこうができません。

중 뿌능안쪼우위띵스젠내이 뤼유러
不能按照預定時間内旅游了.

프 쥬 느 뿌 빠 바야제 꼼 프레뷔
Je ne peux pas voyager comme prévu.

독 이히 칸 니히테 메어 바이터 라이젠
Ich kann nicht mehr weiter reisen.

스 노 뿌에도 비아하르 세군 미 쁠란
No puedo viajar según mi plan.

7 신속한 조처를 하겠습니다.

여행시 소매치기

영 윌 테이크 푸람프트 액숀
We'll take prompt action.

일 진소꾸나 쇼치오 토리마스
じんそくなしょちをとります。

중 쒼쑤추리이샤
迅速処理一下.

프 옹 바 프랑드르 데 무쥐르 라피드망
On va prendre des mesures rapidement.

독 비어 멜덴 아이넨 딥슈탈 조포르트
Wir melden einen Diebstahl sofort.

스 또마레모스 우나 메디다 아데꾸아다 꼰 쁘론띠뚜ㄷ
Tomaremos una medida adecuada con prontitud.

부탁합니다.

영 플리즈
Please.

일 오네가이 이따시마스
おねがいいたします。

중 빠이튀러
拜托了.

프 씰 부 쁠레
S'il vous plaît.

독 당케
Danke.

스 뽀르 파보르
Por favor.

신용카드를 도난당했습니다.

여행시 소매치기

영 마이 크레딧 카드 워즈 스또울런
My credit card was stolen.

일 구레짓또카도오 토오난니 아이마시다
クレジットカ―ドをとうなんにあいました。

중 씬융카 뻐이또우러
信用卡被盜了.

프 쥬 므 쉬 패 볼레 마 가르뜨 드 크레디
Je me suis fait voler ma carte de crédit.

독 미어 부르데 디 크레디트카르테 게슈톨렌
Mir wurde die Kreditkarte gestohlen.

스 메 안 로바도 라 따르헤따 데 끄레디또
Me han robado la tarjeta de crédito.

10 성함을 부탁합니다.

영 유어 네임 플리즈
Your name, please.

일 오나마에오 오네가이시마스
おなまえをおねがいします。

중 칭쒀쒀니더밍
請説説你的名.

프 보트르 농 씰 부 쁠레
Votre nom, s'il vous plaît.

독 이어 나메 비테
Ihr Name, bitte.

스 수 놈브레 뽀르 파보르
Su nombre, por favor.

11 예약을 확인하려고 전화했습니다.

예약 확인

영 아임 콜링 투 리컨펌 마이 레져베이숀
I'm calling to reconfirm my reservation.

일 요야꾸오 카쿠닌시요오또 뎅와오 가케마시타
よやくをかくにんしょうとでんわをかけました。

중 다땐화췌런위웨
打電話確認預約.

프 쥬 부 자뻴 뿌리 라 꽁피리마씨옹
Je vous appelle pour la confirmation.

독 이히 뫼헤테 아이넨 풀룩 베슈테티겐
Ich möchte meinen Flug bestätigen.

스 에 야마도 빠라 꼰피르마르 미 부엘로
He llamado para confirmar mi vuelo.

12 잠시만 기다리세요.

예약 확인

영 져스터 모우먼트
Just a moment.

일 쇼우쇼우 오마치구다사이
しょうしょうおまちください。

중 칭등이샤
請等一下.

프 아땅데
Attendez.

독 바르텐 지 아이넨 모멘트
Warten Sie einen Moment.

스 에스뻬레 움 모멘또
Espere un momento.

비행기 예약을 변경하고 싶습니다.

예약 변경

영 아이드 라이크 투 체인지 마이플라잇 레져베이숀
I'd like to change my flight reservation.

일 히코오키노 요야꾸오 헹꼬오시타인데스
ひこうきのよやくをへんこうしたいんです。

중 샹뺀껑 위웨
想变更預約.

프 쥬 브드레 샹제 드 레제르바씨옹
Je voudrais changer de réservation.

독 이히 뫼히테 움부헨
Ich möchte Umbuchen.

스 끼에로 깜비아르 라 레세르바시온 데 미 부엘로 뽀르 파보르
Quiero cambiar la reservación de mi vuelo, por favor.

어느 비행기편으로 바꾸시겠습니까?

예약 변경

영 윗치 플라잇 우주 라이크 투 체인지
Which flight would you like to change?

일 도노 히코오키빈니 헨코오시마스까
どのひこうきびんにへんこうしますか。

중 샹환나이쭤 퍼지
想換哪一座飛機?

프 께엘 볼르 부 프레페레
Quel vol vous préférez?

독 아우프 벨헴 풀룩 뫼헤텐 지 뭄부헨
Auf welchem Flug möchten Sie umbuchen?

스 께 부엘보 끼에레 깜비아르세
¿Qué vuelo quiere cambiarse?

1시 출발 비행기편으로 바꾸고 싶습니다.

예약 변경

영 아이드 라이크 투 체인지 투 어 플라잇 리-빙 엣 원.
I'd like to change to a flight leaving at one.

일 이치지노 히코오키빈니 헨코오시타인데스
一時のひこうきびんにへんこうしたいんです。

중 샹환이뎬추파더 빤지
想换一点出発的般機.

프 르 볼 오 데빠르 아 윈 너르
Le vol au départ à une heure.

독 이히 헤테 게른 덴 풀룩 움 아인 우어
Ich hätte gern den Flug um 1 Uhr.

스 끼에로 깜비아르메 알 부엘로 데 라 우나
Quiero cambiarme al vuelo de la una.

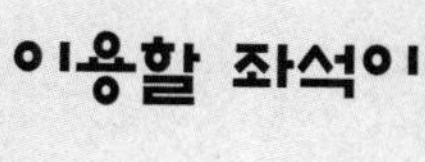

16 이용할 좌석이 있습니까?

예약 변경

영 두 유 해버 씨–트 어베일러블
Do you have a seat avaiable?

일 자세키가 아리마스까
ざせきがありますか。

중 유쭤호우마
有座号嗎？

프 에스낄리아 윈느 쁠라스 비드
Est-ce qu'il y a une place vide?

독 하벤 지 플랏츠
Haben Sie Platz?

스 아이 알군 아씨엔또 리브레
¿Hay algún asiento libre?

17 김인호입니다.

예약 재확인

영 인호 김
In-ho Kim.

일 김인호데스
キムインホです。

중 쪼오찐런호
叫金仁浩.

프 인호 김
In-Ho Kim.

독 마인 나메 이스트 인호 김
Mein Name ist In-ho Kim.

스 소이 김 인 호
Soy Kim In ho.

505 비행기편입니다.

예약 재확인

영 플라잇 파이브 오우 파이브
Flight 505.

일 히코오키빈데스
505ひこうきびんです。

중 쓰우링우빤지
是五零五般機.

프 르 볼 쌩끄 쌍 쌩끄
Le vol cinq cents cinq.

독 엘하 퓜프 눌 퓜프
LH 505.

스 미 부엘로 에스 엘 끼니엔또스 씽꼬
Mi vuelo es el quinientos cinco.

19 좋습니다.

예약 재확인

영 노우 프라블럼 써
No problem, sir.

일 이이데스
いいです。

중 호우
好.

프 쎄 비앙
C'est bien.

독 굿
Gut.

스 부에노
Bueno.

예약이 재확인 되었습니다.

예약 재확인

영 유어 레저베이숀 이즈 리컨펌드
Your reservation is reconfirmed.

일 요야쿠가 후타타비 가꾸닌니 나리마시다
よやくがふたたびかくにんになりました。

중 최런메이원티
確認沒問題.

프 쥬 비앙 드 꽁피르메 보트르 레제르바씨옹.
Je viens de confirmer votre réservation.

독 쇤 베슈테티그트
Schön bestätigt.

스 께다 ㄹ레꼰피르마르 엘 부엘로
Queda reconfirmado el vuelo.

21 지금 호텔을 나가고 싶습니다.

호텔에서 계산을 하고 나올 때

영 아이드 라이크 투 체크 아웃 나우
I'd like to check out now.

일 이마 호테루오 첵크아우토 시요오또시마스
いまホテルをチェックアウトしょうとします。

중 쎈짜이 샹리카이 삥관
現在, 想離開檳館.

프 쥬 브드레 소르띠르 드 세 또뗄
Je voudrais sortir de cet hôtel.

독 이히 뫼헤테 에츠트 압라이젠
Ich möchte jetzt abreisen.

스 끼에로 살리르 델 오뗄 아오라
Quiero salir del hotel ahora.

성함과 방 번호를 말씀해 주세요.

여행시 표현

영 유어 네임 앤드 룸 넘버 플리즈
Your name and room number, please.

일 오나마에또 오헤야노 반고오오 오시라세구다사이
おなまえとおへやのばんごうをおしらせください。

중 쒀쒀싱밍허 팡호우
説説姓名和房号.

프 보트르 농 에 뉘메로 드 샹브르 씰 부 쁠레
Votre nom et numéro de chambre, s'il vous plaît.

독 이어 나메 운트 이레 찜머눔머 비테
Ihr Name und Ihre Zimmernummer, bitte.

스 디가메 수 놈브레 이 엘 누메로 데 아비따 시온 뽀르 파보르
Dígame su nombre y el número de habitación, por favor.

23 김인호이고 505 호입니다.

호텔에서 계산을 하고 나올 때

영 인호 김 앤드 룸 파이브 오우 파이브
In-ho Kim and room 505.

일 김인호데 고하꾸 고시쯔데스
キムインホで505号室です。

중 쓰찐런호우 쓰우링우팡쨴
是金仁浩, 是五零五房間.

프 인호 김 에 르 뉘메로 드 샹브르 에 쌩끄 쌍 쌩끄
In-Ho Kim et le numéro de chambre est cinq cents cinq.

독 이히 빈 인호 김 운트 찜머 퓜프눌퓜프
Ich bin In-ho, Kim und Zimmer 505.

스 소이 김 인 호 끼니엔또스 씽꼬
Soy Kim In Ho, quinientos cinco.

여행자 수표로 지불하고 싶습니다.

호텔에서 계산을 하고 나올 때

영 아이드 라이크 투 패이 바이 추레블러스 첵
I'd like to pay by traveler's check.

일 토라베라즈 첵쿠데 하라이타인데스
トラベラーズチェックではらいたいんです。

중 샹융뤼유즈표푸콴
想用旅游支票付款.

프 쥬 브드레 레글레 엉 세끄드 바야쥐
Je voudrais régler en chèque de voyage.

독 이히 뫼헤테 미트 라이제쉑스 짤렌
Ich möchte mit Reiseschecks zahlen.

스 끼에로 빠가르로 꼰 체께스 데 이바헤로
Quiero pagarlo con cheques de viajero.

25 여기 있습니다.

호텔에서 계산을 하고 나올 때

영 히어 유 아
Here you are.

일 코코니 아리마스
ここにあります。

중 게이니
給你.

프 뜨네
Tenez.

독 히어 비테
Hier bitte.

스 아끼 띠에네
Aquí tiene.

대단히 즐거웠습니다.

호텔에서 계산을 하고 나올 때

영 아이 엔조이드 에브리 미닛 오브 잇
I enjoyed every minute of it.

일 토데모 타노시캇탄데스
とてもたのしかったんです。

중 퍼이창더 위콰이
非常的愉快.

프 트레 아그레아블르망
Très agréablement.

독 제어
sehr!

스 빠세 운 띠엠뽀 무이 아그라다블레
Pasé un tiempo muy agradable.

면세품을 사고 싶습니다.

면세품 구입

영 아이드 라이크 투 바이 썸 텍스프리 구즈
I'd like to buy some tax-free goods.

일 멘제이힌가 가이타인데스
めんぜいひんがかいたいんです。

중 샹꼬우마이 멘쑤이핀
想購買免稅品.

프 쥬 브드레 아쉬떼 레 자띠끌 데딱세
Je voudrais acheter les articles détaxés.

독 이히 뫼헤테 두티-프리 바렌 카우펜
Ich möchte Duty-free Waren kaufen.

스 끼에로 로스 아르띠꿀로스 리브레스 데 임뿌에스또스
Quiero los artículos libres de impuestos.

면세점이 어디에 있습니까?

면세품 구입

영 웨어 이즈 더 듀티프리 샵
Where is the duty-free shop?

일 멘제이텡와 도코니 아리마스까
めんぜいてんはどこにありますか。

중 멘쑤이덴짜이 나얼
免税店在哪児?

프 우 에 르 마가쟁 샹 드완느
Où est le magasin sans douane?

독 보 이스트 데어 두티-프리 숍
Wo ist der Duty-free shop?

스 돈데 에스따 라 띠엔다 데 아르띠꿀로스 리브레스 데 임뿌에스또스
¿Dónde está la tienda de artículos libres de impuestos?

저도 방향이 같습니다.

면세품 구입

영 아임 고우잉 유어 웨이 투
I'm going your way, too.

일 와타시모 오나지 호오코오데스
私もおなじほうこうです。

중 워예쓰퉁이거팡샹
我也是同一个方向.

프 쎄 라 멤므 디렉씨옹 끄 모아
C'est la même direction que moi.

독 이히 게 아우 도르트 힌
Ich gehe auch dort hin.

스 바모스 엔 라 미스마 디렉씨온
Vamos en la misma dirección.

30 저를 따라 오십시오.

면세품 구입

영 져스트 팔로우 미
Just follow me.

일 와타시오 쯔이떼키떼 구다사이
わたしをついてきてください。

중 칭껀워라이
請跟我来.

프 브네
Venez.

독 폴겐 지 미어 비테
Folgen Sie mir, bitte.

스 시가메
Sígame.

31 담배 한 상자 주십시오.

면세품 구입

영 아이 원트 어 카어튼 오브 씨거렛스
I want a carton of cigarettes.

일 타바코 히토하코오 구다사이
たばこひとはこをください。

중 나이툐우엔바
拿一条烟吧.

프 엉 빠께드 다바 쎌 부 쁠레
Un paquet de tabac, s'il vous plaît.

독 아이네 솨하테 짜가레데 비테
eine Schachte Zigaretten, bitte.

스 데메 우나 까하 데 시가리요
Deme una caja de cigarrillo.

그외 사실 것이 있으십니까?

면세품 구입

영 애니띵 엘스
Anything else?

일 소노호까 카우모노가 아리마스까
そのほかかうものがありますか。

중 하이마이 베더마
還買別的嗎？

프 아베끄 쓰씨
Avec ceci?

독 부리우헨 지 노흐 에트바스
Brauchen Sie noch etwas?

스 알고 마스
¿Algo más?

저 향수도 주세요.

면세품 구입

영 아이 원트 댓 퍼퓸 투
I want that perfume, too.

일 아노 코오스이모 구다사이
あのこうすいもください。

중 나나꺼쌍수울바
拿那个香水吧.

프 쓰 빠르팽과 오씨
Ce parfum-là aussi.

독 디제스 파르퓜 아우
Dieses Parfüm auch.

스 데메 운 뻬르푸메
Deme un perfume.

부록: 유용 회화

여행시 꼭 필요한 회화

나라별 총목록

여행시 꼭 필요한 영어 회화

영 어

1. 입국시에 필요한 영어

- 입국 심사대(immigration)에서

*May I see your passport please?
(메이 아이 씨 유어 패스포트 플리즈)
여권 좀 보여 주시겠습니까?

*Here you are.
(히어 유 아)
여기 있습니다.

*Where are you from?
(훼어 아 유 프롬)
어디에서 오셨습니까?

*I am from Korea.
(아이 엠 프롬 코리아)
한국에서 왔습니다.

*How long are you going to stay?
(하우 롱 아 유 고잉 투 스테이?)
얼마나 머물 예정입니까?

*I will stay for 7 days.
(아이 윌 스테이 훠 세븐 데이스)
7일 동안 머물 겁니다.

*What is the purpose of your visit?
(왓 이스 더 퍼포즈 오브 유어 비짓)
방문 목적은 무엇입니까?

*I' m here on Holiday/Sightseeing/Business.
(아임 히어 온 홀리데이/사이트싱잉/비지니스)
휴가/관광/사업 때문입니다.

*Where are you going to stay?
(훼어 아 유 고잉 투 스테이)
어디서 묵으실 건가요?

*At the ABC hotel.
(앳 더 에이비시 호텔)
에이비씨 호텔에서 묵을 예정입니다.

- **세관을 통과하면서**

*Do you have anything to declare?
(두 유 해브 애니싱 투 디클레어)

여행시 꼭 필요한 영어 회화

신고할 물건이 있습니까?

*No I don' t.
(노 아이 돈트)
아니오, 없습니다.

*Please hand me the customs declaration form.
(플리즈 핸드 미 더 커스텀스 디클러레이션 폼)
신고서를 주십시오.

*Here it is.
(히어 잇 이즈)
여기 있습니다.

*Open your baggage, please.
(오픈 유어 배기지 플리즈)
가방을 열어 보십시오.

*I have only personal effects.
(아 해브 온리 퍼스널 이펙츠)
개인용품뿐입니다.

*You can go out throgh green line.
(유 캔 고 아웃 스루 그린 라인)
녹색 통로로 나가십시오.

*Thank you.
(쌩큐)
감사합니다.

- **환전할 때**

*Can you exchange this for Australia dollars, please?
(캔 유 익스체인지 디스 훠 오스트레일리아 달러스 플리즈)
이것을 호주 달러로 교환해 주시겠어요?

*May I see your passport?
(메이 아이 시 유어 패스포트)
여권을 보여 주시겠어요?

*Just fill out this form, will you?
(저스트 필 아웃 디스 폼 윌 유)
이 용지에 기입해 주시겠어요?

*How would you like your money?
(하우 우드 유 라이크 유어 머니)
현금을 어떻게 드릴까요?

*Five tens, ten twenties and the rest in coins, please.
(화이브 텐즈 텐 투웬티즈 앤드 더 레스트 인 코인즈 플리즈)

여행시 꼭 필요한 영어 회화

10달러짜리 5장과 20달러짜리 10장 그리고 나머지는 동전으로 부탁합니다.

2. 호텔에서 필요한 영어

- 체크 인할 때

*Good evening. Can I help you?
(굳 이브닝. 캔 아이 헬프 유)
안녕하세요. 도와드릴까요?

*Yes, I' d like to check in, please.
(예스 아이드 라이크 투 체크 인 플리즈)
네, 체크 인을 하려고 합니다.

*Do you have a reservation?
(두 유 해브 어 레저베이션)
예약은 하셨습니까?

*I have a reservation for three nights. My name is ~.
(아이 해브 어 레저베이션 포 쓰리 나이츠. 마이 네임 이즈 ~)
사흘간 예약했습니다. 내 이름은 ~입니다.

*Just a moment, please.
(저스트 어 모먼트 플리즈)

잠깐만 기다려 주십시오.

*Oh, yes. One twin. Is that right?
(오 예스. 원 트윈. 이즈 댓 라잇)
아, 네. 트윈 하나군요. 맞죠?

- 예약이 안된 경우

*Hello. Is there a room available tonight?
(헬로. 이즈 데어 어 룸 어베일러블 투나잇)
여보세요. 오늘 저녁 묵을 방이 있습니까?

*What kind of room do you have in mind?
(왓 카인드 오브 룸 두 유 해브 인 마인드)
어떤 방을 원하십니까?

*I' d like a twin room(a single/ a double room), please.
(아이드 라이크 어 트윈 룸(어 싱글/ 어 더블 룸) 플리즈)
트윈 룸(싱글/더블)이 필요합니다.

*Hold on please.…
(홀드 온 플리즈)
잠깐만 기다려 주십시오.

여행시 꼭 필요한 영어 회화

*I' m afraid we' re fully booked.
(아임 어프레이드 위아 풀리 북트)
방이 모두 찬 것 같군요.

*The only room available at the moment is suite.
(디 온리 룸 어베일러블 앳 더 모먼트 이즈 스위트)
지금 비어 있는 건 스위트 룸뿐입니다.

*What' s the rate for the room?
(왓츠 더 레이트 포 더 룸)
그 방의 요금은 얼마입니까?

- 숙박카드를 쓸 때

*Will you fill out this form, please?
(윌 유 필 아웃 디스 폼 플리즈)
이 카드에 기입해 주시겠어요?

*Can you tell me how to fill out this form?
(캔 유 텔 미 하우 투 필 아웃 디스 폼)
어떻게 기입해야 합니까?

*Certainly. Just put your name and address here, and I' ll take care of the rest of it.

(서든리. 저스트 풋 유어 네임 앤드 어드레스 히어
앤드 아일 테이크 캐어 오브 더 레스트 오브 잇)
네.성함과 주소만 기입해 주시면 나머지는 제가 써 드리죠.

*Oh, thank you.
(오, 쌩큐)
감사합니다.

- 모닝콜을 부탁할 때

*Operator.
(오퍼레이터)
교환입니다.

*I wonder if you can help me.
(아이 원더 이프 유 캔 헬프 미)
부탁 좀 할까 하는데요.

*I' ll happy to try
(아일 해피 투 트라이)
네, 좋습니다.

*Please wake me up at seven tommorrow morning.
(플리즈 웨위 미 업 앳 세븐 터마로우 모닝)
내일 아침 7시에 깨워 주셨으면 합니다.

여행시 꼭 필요한 영어 회화

*May have your name and room number, please?
(메이 헤브 유어 네임 앤드 룸 넘버 플리즈)
성함과 방 번호를 가르쳐 주시겠습니까?

*Mr. Park in room 123.
(미스터 박 인 룸 원투쓰리)
123호실의 미스터박입니다.

- 귀중품을 맡기고 싶을 때

*Excuse me. Can I deposit valuables here?
(익스큐즈 미. 캔 아이 디파짓 밸류어블스 히어)
실례합니다. 귀중품을 맡길 수 있을까요?

*Yes, you can.
Please put your articles in this envelope and seal it.
(예스, 유 캔. 플리즈 풋 유어 아티클즈 인 디스 엔벨로프 앤드 실 잇)
네, 그러시죠. 이 봉투에 넣어서 봉합해 주세요.

*O.K.
(오케이)
알겠습니다.

*How long would you like us to keep it?
(하우 롱 우드 유 라이크 어스 투 킵 잇)

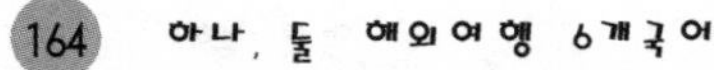

언제까지 맡겨 두실 건가요?

*Till next monday when we check out.

(틸 넥스트 먼데이 웬 위 첵 아웃)

다음주 월요일, 체크 아웃할 때까지요.

*All right, sir.

(올 라잇 서)

좋습니다.

3. 레스토랑에서 필요한 영어

- 입구에서

*How many, sir?

(하우 매니 서)

몇 분이신가요?

*Three, please.

(스리 플리즈)

세 명입니다.

*This way, please. Is this table right?

(디스 웨이 플리즈. 이즈 디스 테이블 라잇)

이리로 오시지요. 마음에 드십니까?

여행시 꼭 필요한 영어 회화

*Yes, that' ll be fine. *Thank you.

(예스 대딜 비 화인. 생큐)

예, 좋군요. 감사합니다.

- 예약할 때

*I' d like to book a table for three at seven.

(아이드 라이크 투 북 어 테이블 포 쓰리 앳 세븐)

7시에 3인용 좌석을 예약하고 싶은데요.

*For three. And may I have your name?

(포 쓰리. 앤드 메이 아이 해브 유어 네임)

세 분요. 성함을 말씀해 주시겠어요?

*Gildong. And put me as close as possible to the stage, please.

(길동. 앤드 풋 미 애즈 클로즈 애즈 파서블 투 더 스테이지 플리즈)

길동입니다. 가능하면 무대 근처로 자리를 부탁합니다.

- 주문할 때

*May I take your order, sir?

(메이 아이 테이크 유어 오더 써)

주문하시지요, 손님.

*I' d like to see the menu, please.
(아이드 라이크 투 씨 더 메뉴 플리즈)
메뉴를 보고 싶은데요.

*What will you have?
(왓 윌 유 해브)
뭘로 드시겠습니까?

*I don' t know anything about Australian food.
(아이 돈 노 애니싱 어바웃 오스트레일리안 푸드)
호주 음식에 대해서는 잘 모르겠군요.

*What do you recommend?
(왓 두 유 리커멘드)
무엇이 좋겠습니까?

*Which do you prefer, meat or fish?
(위치 두 유 프리퍼 밋 오어 피쉬)
고기와 생선 중에서 어느 쪽을 더 좋아하세요?

*I' d rather have meat.
(아이드 래더 해브 밋)
고기를 더 좋아합니다.

여행시 꼭 필요한 영어 회화

*Then, why don' t you try the ABC?

(덴 화이 돈 추 트라이 더 에이비시)

그러면 ABC를 잡수시는 게 어떨까요?

*What kind of dish is it?

(왓 카인드 오브 디쉬 이즈 잇)

어떤 요리죠?

*It' s grilled meat with some vegetables.

(잇츠 그릴드 밋 위드 섬 베지터블즈)

구운 고기에 야채를 곁들인 겁니다.

*O.K. (오케이) 좋습니다.

4. 물건을 살 때의 표현

- 판매장에서

*May I help you?

(메이 아이 헬프 유)

도와드릴까요?

*No, thank you.

I' m just looking. Maybe later I might need your help.

(노 쌩큐. 아임 저스트 루킹. 메이비 레이터 아이 마잇 니드 유어 헬프)

괜찮습니다. 그냥 구경하는 중입니다. 나중에 부탁할 게 있겠죠.

*I hope you will. Take your time.

(아이 호프 유 윌. 테이크 유어 타임.)

그렇게 하십시오. 천천히 구경하세요.

- 안내 카운터에서

*Excuse me. Can you direct me to the toy department, please?

(익스큐즈 미. 캔 유 다이렉트 미 투 더 토이 디파트먼트 플리즈)

실례합니다. 완구 판매장을 좀 가르쳐 주시겠어요?

*It' s on the 7th floor. As you get off the elevator, you' ll see it on your left.

(잇츠 온 더 세븐스 플로어. 애즈 유 겟 오프 더 엘리베이터, 유일 시 잇 온 유어 레프트)

7층입니다. 엘리베이터 왼쪽에 있습니다.

*Can you direct me to the elevator?

(캔 유 다이렉트 미 투 더 엘리베이터)

엘리베이터는 어느 쪽이죠?

*Go straight ahead and you' ll walk into it.

(고 스트레이트 어헤드 앤 유일 워 인투 잇)

여행시 꼭 필요한 영어 회화

곧바로 가시면 됩니다.

*Thank you. (쌩큐) 감사합니다.

*You' re welcome. (유어 웰컴) 천만에요.

- 여행자 수표로 지불할 때

*How much will it be altogether?
(하우 머치 윌 잇 비 얼투게더)
전부 얼마입니까?

*200 dollars, please.
(투 헌드러드 달러스, 플리즈)
200달러입니다.

*Do you accept traveler' s check?
(두 유 억셉트 트래블러스 체크)
여행자 수표도 받습니까?

*Yes, we do. Do you have any identification?
(예스, 위 두. 두 유 해브 애니 아이덴티피케이션)
네, 받습니다. 신분 증명서를 가지고 계신가요?

*Yes, I have my passport.
(예스, 아이 해브 마이 패스포트)

네, 여권을 가지고 있습니다.

*Fine. (화인) 좋습니다.

- 물건 값을 깎을 때

*Anything else, sir?
(애니싱 엘스 서)
더 필요한 건 없으세요?

*That' s all for now. How much do I owe you?
(댓츠 올 포 나우. 하우 머치 두 아이 오 유)
이 정도로 하죠. 얼마죠?

*That' ll be 55 dollars and 20 cents.
(대딜 비 피프티파이브 달러스 앤드 트웬티 센츠)
55달러 20센트입니다.

*Can' t you make it a little cheaper?
(캔추 메이킷 어 리틀 치퍼)
좀 더 싸게 주실 수 없습니까?

*Oh, no, sir. We already gave you a discount on each item.
(오, 노, 써. 위 얼레디 게이브 유 어 디스카운트 온 이치 아이템)
안 되겠는데요. 개별적으로 이미 할인해 드린 것들입니다.

여행시 꼭 필요한 영어 회화

*O.K. I understand. Thank you.
(오케이. 아이 언더스탠드. 쌩큐)
알겠습니다. 감사합니다.

- 지불 방법을 물을 때

*I' d like to see that pen, please.
(아이드 라이크 투 시 댓 펜, 플리즈)
저 펜 좀 보고 싶은데요.

*You mean this one?
(유 민 디스 원)
이것 말입니까?

*No, the other one in the brown case.
(노, 디 아더 원 인 더 브라운 케이스)
아닙니다. 갈색 케이스에 있는 것 말입니다.

*Oh, this one. Here.
(오, 디스 원, 히어)
아 이것 말씀이시군요. 여기 있습니다.

*May I try it?
(메이 아이 트라이 잇)
이것 좀 써 봐도 될까요?

*Sure.
(슈어)
물론입니다.

*It' s very smooth. I' ll take it.
(잇츠 베리 스무스. 아일 테이킷)
참 잘 써지는군요. 이것으로 하겠습니다.

*Cash or charge?
(캐시 오어 차지)
현금입니까, 카드입니까?

*Charge, please.
(차지, 플리즈)
카드로 하겠습니다.

5. 교통편 이용

- 버스 정류장을 찾을 때

*Where can I catch a bus to go to ——?
(웨어 캔 아이 캐취 어 버스 투 고 투 —)
—에 가는 버스는 어디서 타면 됩니까?

*You can catch one across the street.

여행시 꼭 필요한 영어 회화

(유 캔 캐취 원 어크로스 더 스트릿)
길 건너편에서 타면 됩니다.

- 버스를 이용할 때

*Where do I get a ticket?
(웨어 두 아이 겟 어 티켓)
표를 어디서 사죠?

*On the bus. The conductor collects the fares.
(온 더 버스. 더 컨덕터 콜렉츠 더 페어즈)
버스 안에서요. 차장이 요금을 받습니다.

*I' d like to go to national museum.
What' s the fare, please?
(아이드 라이크 투 고 투 내셔널 뮤지엄. 왓츠 더 페어 플리즈)
국립 박물관에 가려고 하는데, 요금이 얼마죠?

*Twenty five cents.
(트웬티 화이브 센트)
25센트입니다.

*Will you remind me when we get there?
(윌 유 리마인드 미 웬 위 겟 데어)

거기에 도착하거든 좀 알려 주시겠어요?

*All right. (올라잇) 좋습니다.

- 택시를 이용할 때

*Can you take three of us to the airport?
(캔 유 테이크 어스 투 디 에어포트)
세 명인데 공항까지 갈 수 있습니까?

*What' s the fare, please?
(왓츠 더 페어 플리즈)
요금이 얼마지요?

*You' re overcharging me.
(유어 오버차징 미)
요금이 너무 많이 나왔네요.

*I was short-charged.
(아이 워스 숏 차지드)
거스름돈을 덜 주셨네요.

*Keep the charge.
(킵 더 차지)
잔돈은 그냥 가지세요.

여행시 꼭 필요한 일본어 회화

일본어

1. 기본 단어 및 인사말

*はい。
(하이)
네.

*いいえ。
(이-에)
아니오.

*けっこうです。
(겟코-데스)
OK.

*ありがとう。
(아리가토-)
감사합니다.

*おはよう。
(오하요-)
아침: 안녕하십니까?

*こんにちは。
(곤니치와)
낮: 안녕하십니까?

*こんばんは。
(곰방와)
저녁: 안녕하십니까?

*さようなら。
(사요-나라)
안녕하십니까?

*失礼します。
(시츠레이시마스)
실례합니다.

*すみません。
(스미마센)
실례합니다.

*申し訳ありません。
(모-시와케아리마센)
미안합니다.

*ごめんなさい。

(고멘나사이)

미안합니다.

*どういたしまして。

(도-이타시마시테)

천만에요.

*かまいません。

(가마이마센)

괜찮습니다.

*どうぞ。

(도-조)

부탁합니다.

*おせわになりました。

(오세와니나리마시타)

돌봐주셔서 감사합니다.(떠날 때)

2. 부탁할 때

*たばこを　吸っても　いいですか。

(다바코오 슷테모 이-데스카)

담배를 피워도 됩니까?

*急いで ください。
(이소이데 구다사이)
서둘러 주세요.

*ちょっと 待って ください。
(춋토 맛테 구다사이)
잠시 기다려 주십시오.

*____が 欲しいです。
(____가 호시이데스)
____이 필요합니다.

3. 말을 잘 못 알아들었을 때

*わかりません。
(와카리마센)
모르겠습니다.

*わかりました。
(와카리마시타)
알겠습니다.

*よく ききとれませんでした。
(요쿠 기키토레마센데시타)

잘 알아듣지 못했습니다.

*もう 一度 いって ください。
(모- 이치도 잇테 구다사이)
다시 한번 말씀해 주십시오.

*もっと ゆっくり いって ください。
(못토 윳쿠리 잇테 구다사이)
좀더 천천히 말씀해 주십시오.

4. 시간을 물을 때

*何時ですか。
(난지데스카)
몇 시입니까?

*何時に 始まりますか。
(난지니 하지마리마스카)
몇 시에 시작합니까?

*何時まで やって いますか。
(난지마데 얏테 이마스카)
몇 시까지 합니까?

*何時に 帰りますか。

(난지니 가에리마스카)
몇 시에 돌아옵니까?

5. 처음 만났을 때

*はじめまして。
(하지메마시테)
처음 뵙겠습니다.

*お会いして　うれしいです。
(오아이시테 우레시-데스)
만나서 기쁩니다.

*あなたの　お名前は　何というてすか。
(아나타노 오나마에와 난토이우데스카)
당신 이름이 무엇입니까?

*私の　名前は　＿＿ です。
(와타시노 나마에와 ＿＿ 데스)
제 이름은 ＿＿ 입니다.

*私は　韓国から　来ました。
(와타시와 칸코쿠카라 기마시타)
저는 한국에서 왔습니다.

여행시 꼭 필요한 일본어 회화

*じゃ また。
(쟈 마타)
또 뵙겠습니다.

6. 대중 교통 수단을 이용할 때

*____ まで いくらですか。
(____마데 이쿠라데스카)
____까지 얼마입니까?

*次の 駅は ____ ですか。
(쓰기노 에키와 ____ 데스카)
다음 정거장이 ____ 입니까?

*どこで 降りるのですか。
(도코데 오리루노데스카)
어디에서 내립니까?

*この バスは ____ に 止まりますか。
(고노 바스와 ____ 니 도마리마스카)
이 버스는 ____ 에 섭니까?

*____ に 着いたら 教えて ください。
(____니 쓰이타라 오시에테 구다사이)

____에 도착하면 가르쳐 주십시오.

*この　電車は　___へ　行きますか。
(고노 덴샤와 ____에 이키마스카)
이 전철이 ____로 갑니까?

7. 물건을 살 때

*これは　いくらですか。
(고레와 이쿠라데스카)
이것은 얼마입니까?

*高過ぎます。
(다카스기마스)
너무 비쌉니다.

*____を　買いたい。
(____오 가이타이)
____을 사고 싶습니다.

*これをいたたきます。
(고레오 이타다키마스)
이것으로 하겠습니다.

*まけて　くれませんか。

(마케테 구레마센카)
깎아주시겠습니까?

*トラベラ-ズ チェックで 払えますか。
(도라베라-즈 첵쿠데 하라에마스카)
여행자 수표로 지불할 수 있습니까?

*この カ-ドが 使えますか。
(고노 카도가 쓰카에마스카)
이 신용 카드를 사용할 수 있습니까?

*領収証を ください。
(료슈쇼오 구다사이)
영수증을 주십시오.

8. 길을 물을 때

*____は どこですか。
(____와 도코데스카)
____은 어디에 있습니까?

*あそこに 行くなら どうしますか。
(아소코니 이쿠나라 도-시마스카)
거기 가려면 어떻게 합니까?

*どの くらい かかりますか。
(도노 구라이 가카리마스카)
얼마나 걸립니까?

*ここは どこですか。
(고코와 도코데스카)
이곳은 어디입니까?

*この 邊に 地下鉄の 駅は ありますか。
(고노 헨니 지카테쓰노 에키와 아리마스카)
이 부근에 지하철 역이 있습니까?

9. 식당에서

*メニュ-を 見せて ください。
(메뉴-오 미세테 구다사이)
메뉴를 보여 주십시오.

*お勘定を お願いします。
(오칸테-오 오네가이시마스)
계산서를 주십시오.

*とても おいしかったです。
(도테모 오이시캇타데스)

잘 먹었습니다.

*とても おいしい
(도테모 오이시-)
매우 맛있습니다.

10. 사진을 찍을 때

*ここで 写真を 撮っても いいですか。
(고코데 샤신오 돗테모 이-데스카)
여기에서 사진을 찍어도 됩니까?

*フラッシュを たいても いいですか。
(후랏슈오 다이테모 이-데스카)
플래시를 사용해도 됩니까?

*すみませんが 私の 写真を 撮って ください。
(스미마센가 와타시노 샤신오 돗테 구다사이)
실례지만 제 사진을 찍어주십시오.

*一諸に 写りませんか。
(잇쇼니 도리마센카)
함께 찍으시겠습니까?

11. 숙소에서

*空いた　部屋は　ありますか。
(아이타 헤야와 아리마스카)
빈 방이 있습니까?

*静かな　部屋を　お願いします。
(시즈카나 헤야오 오네가이시마스)
조용한 방을 부탁합니다.

*1晩　いくらですか。
(히토반 이쿠라데스카)
하룻밤에 얼마입니까?

*明朝　6時に　起こして　ください。
(묘-쵸- 로쿠지니 오코시테 구다사이)
내일 아침 6시에 깨워 주십시오.

여행시 꼭 필요한 프랑스어 회화

프랑스어

1. 인사말

*Merci(beaucoup).
(메르시 (보끄))
감사합니다.

*Bonjour./Salut.
(봉쥬르 /살뤼)
안녕하세요.

*Enchante(e).
(앙샹떼)
처음 뵙겠습니다.

*Au revoir./A bientot.
(오 르브와 /아 비엥또)
안녕히 가세요/다음에 뵙겠습니다.

*Je suis tres content(e)
(즈 쉬 트레 꽁땅(뜨))
즐거웠습니다.

*Excusez-moi.

(엑스꾸제 므와)

실례합니다.

*Pardon.

(빠르동)

죄송합니다.

*D'accord.

(다꼬르)

좋습니다.

2. 외국어로 대화할 때의 여러 가지 말

*Parlez plus lentment, sil vous plaît.

(빠흘레 쁠뤼 랑뜨망 씰 부 쁠레)

좀더 천천히 말씀해 주십시오.

*Je ne sais pas.

(즈 느 세 빠)

모르겠습니다.

*Oui/Non

(위 /농)

예./ 아니요.

*Je vois.

(즈 브와)

알겠습니다.

*Non, merci

(농 메르씨)

아니요. 괜찮습니다.(사양)

3. 양해를 구할 때

*Ousont les toilettes?

(우쏭 레 뜨와레뜨)

화장실은 어디에 있습니까?

4. 자신을 소개할 때

*Douvenez-vous?

(두브네 부)

어디에서 오셨습니까?

*Je suis Coréen(ne).

(즈 쉬 꼬레엥(엔느))

나는 한국인입니다.

*Je mappelle Hong Gil-dong.

(즈 마뺄 홍 길 동)

내 이름은 홍길동입니다.

*Je voyage.

(즈 브와야쥐)

나는 여행중입니다.

*Vous vous appelez comment?

(부 부 자쁠레 꼬망)

성함이 어떻게 되십니까?

5. 장거리 여행

*Je voudrais la réservation pour Seoul.

(즈 부드레 라 레제르바씨옹 뿌르 세울)

서울행 비행기를 예약하고 싶습니다.

*Je voudrais reconfirmer ma réservation.

(즈 부드레 레꽁피르메 마 레제르바히옹)

예약을 확인하고 싶습니다.

*Ouprend-on lautobus pour aller en centre ville?

(우 쁘랑 똥 로또뷔스 뿌르 알레 앙 쌍뜨르 빌)

시내로 가는 버스 정류장은 어디입니까?

*Ouest le bureau de change?

(우 에 르 뷔로 드 샹쥐)

환전소는 어디에 있습니까?

*Ouest-ce quon peut louer une voiture?

(우 에 스 꽁 푀 루에 윈 브와뛰르)

렌터카는 어디에서 빌립니까?

*J'ai perdu mon Eurail-Pass.

(제 뻬르뒤 몽 뉘라이빠스)

유레일 패스를 잃었습니다.

6. 시내의 이동

*Cest facile dy alles apied?

(쎄 파씰 디 알레 아 삐에)

걸어서 갈 수 있습니까?

*Je suis perdu(e).

(즈 쉬 뻬르뒤)

길을 잃었습니다.

*Ouest la station la plus proche?
(우 에 라 스따씨옹 라 쁠뤼 쁘로쉬)
가장 가까운 역은 어디입니까?

*Gardez la monnaie.
(가르데 라 모네)
거스름돈은 가지세요.

*Dites-moi quand on y arrive sil vous plaît.
(디뜨 므와 깡 똥 니 아리브 씰 부 쁠레)
그곳에 도착하면 가르쳐 주십시요.

*Oudois-je changer dautobus(de lignes)?
(우 므와 즈 샹제 도또뷔스 (드 리네))
어디에서 버스를 갈아타야 합니까?

*Combien coute l'admission(lentree)?
(꽁비엥 꾸뜨 라드미씨옹 (랑뜨레))
입장료는 얼마입니까?

*Eucusez-moi voulez-vous me photographier?
(익스꾸제 므와 블레 부 므 포또그라피에)
죄송합니다만, 제 사진을 찍어 주시겠습니까?

*Est-ce quon peut prender des photos ici?

(에 스 꽁 푀 쁘랑드르 데 포또 이씨)

여기서 사진을 찍어도 됩니까?

*Pourrais-je prendre une photo de vous?

(뿌레 즈 쁘랑드르 윈 포또 드 부)

당신 사진을 찍어도 됩니까?

*Combien de temps faut-t-il dy allez a pied?

(꽁비엥 드 땅 포 띨 디 알레 아 삐에)

걸어서 몇 분이나 걸립니까?

*Quelle autobus vais-je prendre?

(깰 로또뷔스 베 즈 쁘랑드르)

몇 번 버스를 타야 합니까?

7. 상점에서

*Je regarde simplement.

(즈 르가르드 생쁠망)

구경만 할 뿐입니다.

*Cest un peu trop grand(petit).

(쎄 땡 푀 뜨로 그랑(쁘띠))

너무 큽니다./너무 작습니다.

*Pourrais-je essayer ceci?
(뿌레 즈 에쎄이에 스씨)
입어 보아도 됩니까?

*Montrez-moi des autres modeles, sil vous plaît.
(뜨레 므와 데 조르뜨 모델 씰 부 쁠레)
다른 것은 없습니까?

8. 전화

*Ouest cabine telehonique?
(우 에 까빈느 뗄레포니끄)
공중 전화는 어디에 있습니까?

*Le PCV, sil vous plaît.
(르 빼쎄베, 씰 부 쁠레)
수신자 부담으로 부탁합니다.

9. 곤란할 때

*Au secours!
(오 세꾸르)

여행시 꼭 필요한 프랑스어 회화

도와주세요.

*Attention!

(아땅씨옹)

위험해요

*Voulez-vous mappeler quelquun qui parle Coreen.

(불레 부 마쁠레 깰깽 끼 빠흘 꼬레엥)

한국어를 하는 직원을 불러주십시오.

*Jai perdu mon passport.

(제 뻬르뒤 몽 빠스뽀르)

여권을 잃었습니다.

*Appelez lAmbassade de la Corée.

(아쁠레 랑바싸드 드 라 꼬레)

한국 대사관에 연락해 주십시오.

*Jai perdu mes cheques de voyage.

(제 뻬르뒤 메 쉐끄 드 브와야쥐)

여행자 수표를 잃었습니다.

10. 병이 났을 때

*Appelez-moi un medecin, sil vous plaît.

(아쁠레 므와 엥 메드쌩 씰 부 쁠레)

의사를 불러 주십시오.

*Jai de la fievre.

(제 드 라 피에브르)

열이 있습니다.

*Je peux continuer le voyage?

(즈 푀 꽁띠뉘에 르 브와야쥐)

여행을 계속해도 좋습니까?

*Ou est la pharmacie la plus proche?

(우 에 라 파르마씨 라 쁠뤼 쁘로쉬)

가장 가까운 약국은 어디에 있습니까?

11. 레스토랑에서

*Pourrais-je voir la carte?

(뿌레 즈 브와르 라 까르뜨)

메뉴를 보여 주십시오.

여행시 꼭 필요한 프랑스어 회화

*Quelle sorte de plat, celui-ci?
(깰 소르뜨 드 쁠라 쓸뤼 씨)
이것은 어떤 요리입니까?

*Je prends ceci.
(즈 쁘랑 쓰씨)
이것으로 주십시오.

*Sil vous plait, apporte-moi un carafe deau.
(씰 부 쁠레 아뽀르떼 므와 엥 까라프 도)
미안합니다만, 물을 주십시오.

*Pourrais-je voir la carte encore une fois?
(뿌와라 즈 브와 라 까르뜨 앙꼬르 윈 프와)
다시 한번 메뉴를 보여 주십시오.

*Laddition, sil vous plaît.
(라디씨옹, 씰 부 쁠레)
계산을 부탁합니다.

*Pouvons-nous payer searement?
(뿌봉 누 뻬이에 쎄빠레망)
따로따로 계산해도 됩니까?

*Je vous invite.

(즈 부 젱비떼)

내가 지불하겠습니다.

*Cetait tres bon. Merci.

(쎄떼 트레 봉 메르씨)

잘 먹었습니다. 고맙습니다.

*A emporter, sil vous plaît.

(아 앙뽀르떼, 씰 부 쁠레)

가지고 가겠습니다.

여행시 꼭 필요한 독일어 회화

독일어

1. 인사

*Danke(schön).

(당케 (슈엔))

감사합니다.

*Tag./Hallo.

(탁 /할로)

안녕하세요.

*EIch freue mich, Sie kennenzulernen.

(이히 후로이에 미히, 지 켄넨주레르넨)

처음 뵙겠습니다.

*Auf Wiedersehen. Tschuß.

(아우프 비더제엔 취쓰)

안녕히 가세요/다음에 뵙겠습니다.

*Ich habe viel spaß gehabt.

(이히 하베 휠 슈파쓰 게하브트)

즐거웠습니다.

*Entschludigen Sie bitte.
(엔트슐다겐 지 비테)
실례합니다.

*Entschludigen Sie!
(엔트슐디겐 지)
죄송합니다.

*Bitte sehr.
(비테 제어)
좋습니다.

2. 외국어로 대화할 때의 여러 가지 말

*Bitte, sprechen Sie noch langsamer.
(비테 슈프레헨 지 노허 랑자머)
좀더 천천히 말씀해 주십시요.

*Ich weiß es nicht.
(이히 바이쓰 에스 니히트)
모르겠습니다.

*Ja/Nein
(야 /나인)

예./ 아니요.

*Ich verstehe nicht.
(이히 훼어슈테에 니히트)
알겠습니다.

*Nein, danke.
(나인 당케)
아니요. 괜찮습니다.(사양)

3. 양해를 구할 때

*Wo ist die Toilette?
(보 이스트 디 토아렛터)
화장실은 어디에 있습니까?

4. 자신을 소개할 때

*Woher kommen Sie?
(보헤어 콤멘 지)
어디에서 오셨습니까?

*Ich komme aus Korea.
(이히 콤메 아우스 코레아)

나는 한국인입니다.

*Ich heiße Gil-dong Hong.
(이히 하이쎄 길 동 홍)
내 이름은 홍길동입니다.

*Ich bin auf der Reise.
(이히 빈 아우프 데어 라이제)
나는 여행중입니다.

*Was ist Ihr Name?
(바스 이스트 이어 나메)
성함이 어떻게 되십니까?

5. 장거리 여행

*Ich möchte eine Reservierung nach Seoul machen.
(이히 뫼히테 아이네 레저비어룽 나허 서울 마헨)
서울행 비행기를 예약하고 싶습니다.

*Könnten Sie meinen Flug bestaigen?
(쾨웬텐 지 마이넨 후룩 베슈태티겐)
예약을 확인하고 싶습니다.

*Wo fahrt der Bus zur Stadtmitte ab?

여행시 꼭 필요한 독일어 회화

(보 훼르트 데어 부스 주어 슈타트밋테 압)
시내로 가는 버스 정류장은 어디입니까?

*Wo ist eine Wechselstube?
(보 이스트아이네 베히젤슈투베)
환전소는 어디에 있습니까?

*Wo kann ich ein Auto mieten?
(보 칸 이히 아인 아 토 미텐)
렌터카는 어디에서 빌립니까?

*Ich habe meinen Eurail-Paßverloren.
(이히 하베 마이넨 오이라일 파쓰 훼어로렌)
유레일 패스를 잃었습니다.

6. 시내의 이동

*Kann man dorthin zu Fuß gehen?
(칸 만 도르트힌 추 후쓰 게엔)
걸어서 갈 수 있습니까?

*Wo bin ich?
(보 빈 이히)
지금 제가 있는 이 곳은 어디입니까?

*Ich habe den Weg verloren.
(이히 하베 덴 벡 훼어로렌)
길을 잃었습니다.

*Wo ist die nachste Bahnhof?
(보 이스트 디 네히스테 반호프)
가장 가까운 역은 어디입니까?

*Behalten Sie den Rest!
(베할텐 지 덴 레스트)
거스름돈은 가지세요.

*Konnten Sie mir sagen, wo ich aussteigen muß.
(콴텐 지 미어 자겐 보이히 아우스슈타이겐 무쓰)
그곳에 도착하면 가르쳐 주십시요.

*Wo mußich umsteigen?
(보 무쓰 이히 움슈타이겐)
어디에서 버스를 갈아타야 합니까?

*Wieviel kostet der Eintritt?
(비휠 코스테트 데어 아인트리트)
입장료는 얼마입니까?

*Wurden Sie so freundlich, ein Foto von mir zu machen.

(뷔르덴 지 조 후로인트리히 아인 호토 혼 미어 주 마헨)
죄송합니다만, 제 사진을 찍어 주시겠습니까?

*Darf man hier fotografieren?
(다르프 만 히어 호토그라휘렌)
여기서 사진을 찍어도 됩니까?

*Darf ich einen Foto von Ihnen machen?
(다르프 이히 아이넨 호토 혼 이넨 마헨)
당신 사진을 찍어도 됩니까?

*Wie lange dauert es, wenn ich zu Fuß dorthin gehe.
(비 랑에 다우어르트에스 벤 이히 추 후쓰 도르트힌 제에)
걸어서 몇 분이나 걸립니까?

*Welchen Bus muß ich nehmen?
(벨헨 부스 무쓰 이히 네멘)
몇 번 버스를 타야 합니까?

7. 상점에서

*Ich möhte nur ein bißchen schauen.
(이히 뫼히테 누어 아인 비스헨 샤우엔)
구경만 할 뿐입니다.

*Das ist zu groß(klein)
(다스 이스트 추 그로쓰 (클라인))
너무 큽니다./너무 작습니다.

*Darf ich das bitte mal anprobieren?
(다르프 이히 다스 비테 말 안프로비렌)
입어 보아도 됩니까?

*Haben Sie auch andere Designs?
(하벤 지 아우허 안더레 디자인스)
다른 것은 없습니까?

8. 전화

*Wo ist ein Telefonzelle?
(보 이스트 아인 텔레폰젤레)
공중 전화는 어디에 있습니까?

*Ein R-Gesprach, bitte!
(아인 에르 게슈프래히 비테)
수신자 부담으로 부탁합니다.

9. 곤란할 때

*Hilfe!

(힐풰)

도와주세요.

*Achtung! Paß auf!

(아허퉁 파쓰 아우프)

위험해요.

*Könnnen Sie einen Beamter rufen der Koreanisch spricht.

(쾌에넨 지 아이넨 베암터 루휀 데어 코레아니쉬 슈프리히트)

한국어를 하는 직원을 불러주십시오.

*Ich habe meinen Paß verloren.

(이히 하베 마이넨 파쓰 훼어로렌)

여권을 잃었습니다.

*Rufen Sie bitte die Koreanische Botschaft an.

(루휀 지 비테 디 코레아니쉐 보트슈아프트 안)

한국 대사관에 연락해 주십시오.

*Ich habe meine Reiseschecks verloren.

(이히 하메 마이네 라이제섹스 훼어로렌)

여행자 수표를 잃었습니다.

10. 병이 났을 때

*Rufen Sie bitte einen Arzt!

(루휀 지 비테 아이넨 아르즈트)

의사를 불러 주십시오.

*Ich habe Fieber.

(이히 하베 휘버)

열이 있습니다.

*Kann ich meine Reise fortsetzen?

(칸 이히 마이네 라이제 호르트제첸)

여행을 계속해도 좋습니까?

*Wo ist hier die nachste Apotheke?

(보 이스트 히어 디 내히스테 아포테케)

가장 가까운 약국은 어디에 있습니까?

11. 레스토랑에서

*as, bitte sehr.

(다스 비테 제어)

메뉴를 보여 주십시요.

여행시 꼭 필요한 독일어 회화

*Eine Speisekarte, bitte!

(아이네 슈파이제카르테 비테)

이것은 어떤 요리입니까?

*Was fur ein Gericht ist das?

(바스 휘어 아인 게리히트 이스트 다스)

이것으로 주십시오.

*Herr Ober(Fraulein), konnen Sie mir Wasser bringen?

(헤어 오버 (후로이라인) 쾌엔넨 지 미어 바써 브링엔)

미안합니다만, 물을 주십시오.

*Konnte ich die Speisekarte noch einmal sehen?

(퀸테 이히 디 슈파이제카르테 노허 아인말 제엔)

다시 한번 메뉴를 보여 주십시오.

*Zahlen, bitte!

(잘렌 비테)

계산을 부탁합니다.

*Wir zahlen getrennt.

(비어 잘렌 게트렌트)

따로따로 계산해도 됩니까?

*Ich bezahle die Rechnung!
(이히 베잘레 디 레히눙)
내가 지불하겠습니다.

*Es hat mir sehr gut geschmeckt. Danke.
(에스 하트 미어 제어 굿 게슈멕크트 당케)
잘 먹었습니다. 고맙습니다.

*Zum Mitnehmen, bitte!
(춤 미트네멘 비테)
가지고 가겠습니다.

여행시 꼭 필요한 스페인어 회화

스페인어

1. 인사말

*(Muchas)Gracias.

((무차스) 그라씨아)

감사합니다.

*Hola!

(올라)

안녕하세요.

*Mucho gusto.

(무초 구스또)

처음 뵙겠습니다.

*Adiós./Hasta luego./Hasta la vista.

(아디오스 / 아스따 루에고 / 아스따 라 비스따)

안녕히 가세요/다음에 뵙겠습니다.

*Lo Pase muy bien.

(로 빠세 무이 비엔)

즐거웠습니다.

*Oiga!

(오이가)

실례합니다.

*Perdon./Perdoneme./Lo siento mucho.

(뻬르돈 / 뻬르도네메 /로 시엔또 무초)

죄송합니다.

*Esta bien.

(에스따 비엔)

좋습니다.

2. 외국어로 대화할 때의 여러 가지 말

*Hable mas despacio, por favor.

(아볼레 마스 데스빠시오 뽀르 화보르)

좀더 천천히 말씀해 주십시요.

*No se/No conozco.

(노 세 / 노 꼬노쓰꼬)

모르겠습니다.

*Si/No

(씨 /노)

예./ 아니요.

*Entiendo

(엔띠엔도)

알겠습니다.

*No, gracias.

(노 그라씨아스)

아니요. 괜찮습니다.(사양)

3. 양해를 구할 때

*¿Dónde estan los servicios?

(돈데 에스딴 로스 세르비씨오스)

화장실은 어디에 있습니까?

4. 자신을 소개할 때

*¿e dónde es usted?

(데 돈데 에스 우스뗏)

어디에서 오셨습니까?

*Sou de Corea.

(소이 데 꼬레아)

나는 한국인입니다.

*Me llamo Hong Gil-dong
(메 이야모 홍 길 동)
내 이름은 홍길동입니다.

*Estoy de viaje.
(에스또이 데 비아헤)
나는 여행중입니다.

*¿Cómo se llama usted?
(꼬모 세 이야마 우스뗏)
성함이 어떻게 되십니까?

5. 장거리 여행

*Quiero reservar en el avion para Seoul.
(께에로 레세르바르 엔 엘 아비온 빠라 세오울)
서울행 비행기를 예약하고 싶습니다.

*Quisiera reconfirmar mi vuelo.
(끼시에라 레꽁훠르마르 미 부엘로)
예약을 확인하고 싶습니다.

*¿Dónde esta la parada de autobus para el centro de la ciudad?

(돈데 에스따라 빠라다 데 아우또부스빠라 엘 쎈뜨로 데 라 씨우닷)

시내로 가는 버스 정류장은 어디입니까?

*¿Dónde está la oficina de cambio?

(돈데 에스따 라 오휘씨나 데 깜비오)

환전소는 어디에 있습니까?

*¿Dónde puedo alquilar un coche?

(돈데 뿌에도 알낄라르 운 꼬체)

렌터카는 어디에서 빌립니까?

*He perdido el Eurail Pass.

(에 뻬르디도 엘 유레일 빠스)

유레일 패스를 잃었습니다.

6. 시내의 이동

*¿Se puede ir alli andando?

(세 뿌에데 이르 아이 안단도)

걸어서 갈 수 있습니까?

*¿Dónde estamos ahora?
(돈데 에스따모스 아오라)
지금 제가 있는 이 곳은 어디입니까?

*Estoy perdido(perdida).
(에스또이 뻬르디도 (뻬르디다))
길을 잃었습니다.

*¿Dónde está la estacion mas cercana?
(돈데 에스따 라 에스따씨온 마스 쎄르까나)
가장 가까운 역은 어디입니까?

*Guardese la vuelta para usted.
(구아르데세 라 부엘따 빠라 우스뗏)
거스름돈은 가지세요.

*Aviseme cuando lleguemos alli por favor.
(아비세메 꾸안도 이예게모스 아이 뽀르 화보르)
그곳에 도착하면 가르쳐 주십시요.

*¿Dónde tengo qué cambiar?
(돈데 땡고 께 깜비아르)
어디에서 버스를 갈아타야 합니까?

여행시 꼭 필요한 스페인어 회화

*¿Cuanto es la entrada?

(꾸안또 에스 라 엔뜨라다)

입장료는 얼마입니까?

*¿Podria sacarme una foto?

(뽀드리아 사까르메 우나 후오또)

죄송합니다만, 제 사진을 찍어 주시겠습니까?

*¿Se pueden sacar fotos aqui?

(세 뿌에덴 사까르 후오또스 아끼)

여기서 사진을 찍어도 됩니까?

*¿Me permite tomarle una foto?

(메 뻬르미떼 또 마를레 우나 후오또)

당신 사진을 찍어도 됩니까?

*¿Cuanto tiempo se tarda andando hasta el albergue juvenil?

(꾸안또 띠앰뽀 세 따르다 안단도 아스따 엘 알베르게 후베닐)

걸어서 몇 분이나 걸립니까?

*¿Que autobus tengo que tomar?

(께 아우또부스 땡고 께 또마르)

몇 번 버스를 타야 합니까?

7. 상점에서

*Solamente estoy mirado.
(솔라멘떼 에스또이 미란도)
구경만 할 뿐입니다.

*Estó es demasido grande(pequeño
(에스또 에스 데마시아도 그란데 (뻬께뇨))
너무 큽니다./너무 작습니다.

*¿Puedo probar esto?
(뿌에도 쁘로바르 에스또)
입어 보아도 됩니까?

*¿Tiene otro tipo?
(띠에네 오뜨로 띠뽀)
다른 것은 없습니까?

8. 전화

*¿Dónde hay un telefono publico?
(돈데 아이 운 뗄레후오노 뿌블리꼬)
공중 전화는 어디에 있습니까?

*Por favor, esta llamada a cobro revertido.
(뽀르 화보르 에스따 이야마다 아 꼬브로 레베르띠도)
수신자 부담으로 부탁합니다.

9. 곤란할 때

*Socorro!
(소꼬로)
도와주세요.

*Cuidado!
(꾸이다도)
위험해요.

*Llame alguien qué hable coreano, por favor.
(이야메 알기엔 께 아블레 꼬레아노 뽀르 화보르)
한국어를 하는 직원을 불러주십시오.

*He perdido mi passaporte.
(헤 뻬르디도 미 빠사뽀르떼)
여권을 잃었습니다.

*Llame a la Embajada de Corea, por favor.
(이야메 알 라 앰바하다 데 꼬레아 뽀르 화보르)

한국 대사관에 연락해 주십시오.

*He perdido mis cheques de viajero.
(헤 뻬르디도 미스 체께스 데 비아헤로)
여행자 수표를 잃었습니다.

10. 병이 났을 때

*Llame a un medico, por favor.
(이야메 아 운 메디꼬 뽀르 화보르)
의사를 불러 주십시오.

*Tengo fiebre.
(땡고 휘에브레)
열이 있습니다.

*¿Puedo continuar mi viaje?
(뿌에도 꼰띠누아르 미 비아헤)
여행을 계속해도 좋습니까?

*¿Dónde hay una farmacia por aquí?
(돈데 아이 우나 화르마씨아 뽀르 아끼)
가장 가까운 약국은 어디에 있습니까?

여행시 꼭 필요한 스페인어 회화

11. 레스토랑에서

*Quiero tomar esto.
(끼에로 또마르 에스또)
메뉴를 보여 주십시요.

*La carta, por favor.
(라 까르따 뽀르 화보르)
이것은 어떤 요리입니까?

*¿Qué clase de plato es este?
(께 끌라세 데 쁠라또 에스 에스떼)
이것으로 주십시오.

*Oiga, deme un vaso de agua, por favor
(오이가 데메 운 바소 데 아구아 뽀르 화보르)
미안합니다만, 물을 주십시오.

*Traigame la carta otra vez, por favor.
(뜨라이가메 라 까르따 오뜨라 베쓰 뽀르 화보르)
다시 한번 메뉴를 보여 주십시오.

*La cuenta, por favor.
(라 꾸엔따 뽀르 화보르)
계산을 부탁합니다.

*Queremos pagar separadamente.
(께레모스 빠가르 세빠라다멘떼)
따로따로 계산해도 됩니까?

*Soy yo quien paga.
(소이 요 끼엔 빠가)
내가 지불하겠습니다.

*Estaba muy sabroso. Gracias.
(에스따바 무이 사브로소 그라씨아스)
잘 먹었습니다. 고맙습니다.

*Voy a llevarlos de paseo.
(보이 아 이예바를로스 데 빠세)
가지고 가겠습니다.

(포켓) 하나, 둘 해외여행 6개국어

2018년 12월 20일 인쇄
2018년 12월 30일 발행

지은이 | 국제언어교육연구회
펴낸이 | 최 원 준

펴낸곳 | 태 을 출 판 사
서울특별시 중구 다산로38길 59(동아빌딩내)
등 록 | 1973. 1. 10(제1-10호)

■ 주문 및 연락처
우편번호 04584
서울특별시 중구 다산로38길 59 (동아빌딩내)
전화 : (02)2237-5577 팩스 : (02)2233-6166

ISBN 978-89-493-0553-0 13700